狂

我 就 是
孫 德 榮

我的人生不需要你按讚

CONTENT

6　　　　推薦序

13　　　自序

第一章　狂人之路

17　　　我就是狂

24　　　拿文憑不如動動腦

33　　　頑皮的泥鰍

43　　　靠智商成功

51　　　自己的路自己開

58　　　要做就要愛

66　　　錢不是萬能　沒錢萬萬不能

第二章　光榮戰役

75　　不被看好才有機會

83　　整合的力量

91　　製造對抗才能得到第一名

99　　先有底氣　再談條件

106　　把死的做成活的才是真本事

113　　當機立「斷」

第三章　快意恩仇

121　　軍令如山　我說了算

130　　趕快站起來，沒有時間哭

137　　我怎麼可能不要你

148　　站在制高點

156　　抱歉，我們情深緣淺

164　　感恩的心

第四章　涅槃重生

174　　敗敗敗，連三敗

183　　死神的挑戰

192　　給自己力量

199　　人生沒有不可能

狂人之路　夢想無畏

如果你問演藝圈裡的資深人士，誰是最懂打造巨星的人？這個名字，永遠都無法被忽略，就是我老爸孫德榮。

他不只是經紀人、製作人、投資人，更是一個夢想的推動者，一個用雙手和智慧在娛樂圈刻下深深足跡的傳奇人物。從偶像團體到個人巨星，從電視劇到音樂專輯，他的每一個決定，幾乎都改變了華語娛樂產業的發展軌跡。

但，如果你以為他的成功來自於幸運，那你就錯了。他是靠什麼走到今天的？憑的是不服輸的韌性和對機會的精準判斷，還有對「藝人」這個身份的深刻理解。

他不只是經營明星，而是將一個個懷抱夢想的年輕人，推向更高更遠的舞台。他敢拼、敢衝，也敢為藝人揹負所有壓力，這樣的決心，讓他在娛樂圈創造出一個又一個傳奇。

在這本《我就是狂：我的人生不需要你按讚》裡，他毫不保留地分享自己縱橫演藝圈的三十五年經驗，講述從無到有、從低谷到巔峰的故事。他的故事不只是關於娛樂產業，而是關於人生的選擇、挑戰與突破；這本書不只是一本回憶錄，而是一部啟發人心的實戰指南，無論你是否從事演藝工作，都能從他的經驗中獲得啟發。

孫總曾說：「人生不需要別人按讚，因為真正的成就來自於你如何戰勝自己。」這本書，就是他的親身實踐。

現在，就翻開這本書，跟著孫德榮的故事，一起學習如何在人生的舞台上發光發熱。

羅志祥

狂人之路

真的，愛你

2023 年，我在小巨蛋辦演唱會同時準備新專輯，忙得不可開交。

孫總的 YT 頻道剛成立，很希望和我一起拍攝影片。我們喬了很久的時間都不得空，最後邀請孫總來看我的演唱會同時，也敲定了演唱會後，在後台拍攝影片。

那一天非常的混亂，由於是《Sugar High》演唱會的首演場，太多事情需要解決。就這樣，孫總在後台等了快兩個小時，我們才有機會清空後台休息室，讓他和他的團隊進來拍攝影片。

久久不見孫總，我看著他精神抖擻、笑意滿面地走進來，給了我最大的鼓勵，中氣十足地告訴我「妳很棒」，那多年前合作的情誼和溫暖的感覺，忽然湧上來。

我是帶著抱歉的，知道他身體不好，但還是不得已讓他等了那麼久。而他除了大喊好餓之外，還不忘謝謝工作人員拿零食給他充飢，一句怨言都沒有，依然大手大腳、開心地說著他的想法。

　　我是帶著怒氣的，知道他身體不好，為什麼在根本可以享福的狀態下，還是不肯休息，從經紀人轉戰年輕世代競爭最激烈的戰場——經營 YT 頻道。這樣的老人家，真的很像每個人家裡都有的長輩，愈老愈不聽話。

　　我是心疼孫總的，因為我知道他所有外顯的剛硬和開朗，都是為了遮擋住任何一點可能的軟弱，而軟弱在他的世界裡，不應該存在。他很像每個人家裡都有的一位家長，大樹一般，無限延伸枝幹，為所有在他羽翼下棲息的晚輩們遮風擋雨。

　　現在，這棵大樹把自己的人生，寫進了一本書裡。

　　《我就是狂：我的人生不需要你按讚》不是一本回顧成功的誇耀手冊，而是一本活生生、血淋淋的戰場紀錄。裡面寫著一個來自基隆的孩子，如何在沒有人給掌聲的時

狂人之路

候,一步一步,咬牙撐過無數個「今天可能就要放棄了」的日子。

我看著他走過來,也曾被他罵過、拉過、逼著向前走過,心裡其實很明白,他一直都是這樣的人——不會說漂亮話,也從不求被誰喜歡,他只求事情做好、夢想實現、戰役打贏。這也是這本書最讓我感動的地方,不只是那些你可能聽過的經典戰役,更是他怎麼活下來的方式,他用他的人生,做了一次沒有退路的示範。

書裡有他的輝煌,也有他的脆弱,有他如何從零開始築夢,有他怎麼一路嗆辣殺進演藝圈,更有他病後躺在病床上,靜下來面對生命時的坦然與重新出發。

他寫這些,不是要你說「好厲害」,而是讓你知道——人生如果真的很難,那你不是一個人。

我不知道你會不會喜歡他,但如果你也曾經懷疑自己撐不撐得過某段路,請你翻開這本書,讓這個不服老也不服輸的老人家,陪你一起走一段看看。

王心凌

永不止息的戰鬥精神

跟孫總結識超過二十年了，他是巨星推手，更是我的人生導師。

敬佩他面對問題時的堅毅果斷，特別是為旗下藝人爭取權益時所展現的霸氣及進退有據。

他愛恨分明，可怕的是還言行一致，也就是說被他喜歡是幸福的，但當他的仇人，除非有特殊際遇，不然也很難翻身。能有這種底氣，除了他過人的自信，更多是他對戰場的精準判斷能力。

一個早已財富自由的人，在正常都要享清福的人生階段，仍竭盡所能地想方設法振興演藝圈，這種永不止息的戰鬥精神令人動容。

如此一位傳奇人物終於出書，這是台灣演藝黃金年代的歷練薈萃，更是開卷有益的人生指南，任何人再三閱讀，必能獲得改變生命的啟發。

沈玉琳

狂人之路

孫腫

一方之霸

興風作浪

有夠誇張

胃口很大

Toro 郭葦昀

自序

✳

I won't give up　Take my hand

因為有你的愛當我的信念

夢再遠　也要追

不管前方暗藏著多少危險　一定是藍天

~〈永不放棄〉

從十年前罹患膀胱癌又被醫生救回來之後,我就死過一次了,現在的我,沒什麼好失去的,接下來多活的每一天都是賺到的,所以我就在想,接下來還能做什麼?這幾年,開啟了 YouTube 頻道,展開人生的另一頁,成了一位高齡 YouTuber,帶著一群年輕小朋友開始做一些以前沒做

狂人之路

過的事情，日子過得快樂又豐富。

回顧這一生，走到現在短短數十年，一個沒有學歷、沒有背景也沒有親戚可以奧援的窮孩子，小時候的夢想能夠一個個如實完成，三十三歲當上全台灣最年輕的唱片公司總經理；我的夢想是可以為所欲為，一個外省的第二代，什麼都沒有，現在連放個屁都可以當新聞，吳宗憲老是說我是「自走砲」，自動放砲炒新聞。罹癌十年後，身邊還有許多小天使在照顧我、陪伴我，我每次住院，陪伴我的都不是姓孫的；每年生日總是有好孩子好朋友陪我過，一起享受美食、一起聊天開玩笑；每年大年初四家裡總是擠滿了人，大家開開心心地拜年，實現了我小時候對自己的期許，因為小時候總是要去有錢人家拜年，坐椅子吃飯都要看人臉色，所以我發誓要「讓人到我家拜年」，各位朋友，我做到了；更替自己和家人每一房都有大豪宅可住，讓身邊的朋友看到我們孫家如此有底氣，而且還能照顧家人，替死去的爸爸在山東幫面前爭了一口氣，爸爸，我做到了。活到現在，我真的覺得了無遺憾。

我聽從子弟兵的建議，把自己的點點滴滴拍成影片上

傳到 YouTube，因為他們說我很會說，也讓他們在我死後只要想到我，可以看著我的影片，罵我也好、笑我也好、懷念我也好。但我一想到我這個什麼都沒有的人，這些在娛樂圈赤手空拳打天下的寶貴經驗，在我死後隨著我被推進焚化爐一把火就燒掉，只留下一句：「孫總，快跑啊！」實在很可惜，我就覺得應該要趁我還能說能做的時候，手把手地傳承下去，所以決定將這一切化作文字，才會有這本《我就是狂：我的人生不需要你按讚》的誕生。

這本書，是以我的角度為出發點，不管你喜歡也好、不喜歡也罷，除了夢想什麼都沒有就敢出來闖天下的人就是我，我用我的腦子、用我的毅力，一步步地實踐我的夢想，一切也只能靠自己。我這一生只為我自己而活，而且，我認為每個人也都做得到，只是你們不夠堅持。

為了堅持自己的夢，我才不理會別人怎麼評價我，我的路我自己走，因而，我的人生不需要任何人幫我按讚！願每一位讀過這本書的朋友，你們也能活得出自己，不需要別人對你指手畫腳，做自己的主人，才能活得漂亮精彩！

狂人之路

我就是狂

※

無所謂的是非　放開雙手　任由你想像

到嘴邊的餘味　任由感覺　盲目的到處去冒險

～〈無所謂〉

很多人都覺得我很狂，我承認！因為我必須狂，如果不狂，我早就死了。但是，有人問過我為什麼這麼狂嗎？

我的狂，跟我的家庭有關，第一是「窮」，第二是我在這個家，必須在「夾縫中求生存」。

1960 年出生的我，童年非常悲慘，但那個年代，誰家不悲慘？所以我的童年記憶只有一個「窮」字，為什麼窮？要從我父親說起。

狂人之路

我爸爸是山東牟平人，原本在山東有個妻子，結婚才三天，他就從山東去到韓國工作了，那一年，他十七歲。沒想到，他去韓國沒多久，第二次世界大戰爆發，我爸回不了家，輾轉到了日本，在當地結識了一位護士長，生了一個女兒，但他畢竟沒有合法的居留權，不能在日本待太久，於是又奔波來到台灣。來到台灣的爸爸，對日本妻子心心念念無法放下，花了三年的時間希望把對方接來台灣，但這位日本妻子終究讓他的等待落空，所以我爸才娶了我媽媽，建立了這個家庭，並生下了我。

山東人幾乎都做布，以前台北市博愛路有很多布莊，大部分都是由山東人在經營，我爸爸也是從事布料生意，也許有人聽過「山東幫」，但他是「山東幫」裡最不爭氣的一位，因為別人都是綢布莊的老闆，我爸卻只是一個在百貨公司綢布部門上班的主管，這樣領死薪水的人，上班一個月能有多少錢？

因為爸爸收入不多，而我媽一個本省人嫁給沒什麼錢的外省人，在那個年代是一件不被理解的事情；加上我爸孤身一人，沒有親戚可以照應，一家子過得窮哈哈地，還

好我外公願意照料我們，把我們一家接到三重跟他一起住，好就近照顧我們。但是，所謂有外公照顧不是過得豐衣足食，我們還是窮！一家六口住在十二坪左右的閣樓，加上三重地勢低窪，我們家又在菜市場裡，所以只要一淹水，勢必淹掉一整層。每回家裡淹水，通常都是我爸在上班的時候，我媽就要跑到門口大喊，拜託鄰居來幫忙搬冰箱，大家急急忙忙趁水淹上來之前，把家中的電器往高處搬，以免被水淹到。而我們小孩子就只能瑟縮在閣樓，隔著欄杆的小格子看媽媽和鄰居忙進忙出，那畫面，有點像當年台視八點檔《星星知我心》，哎，不知道還有多少人看過這部戲？沒看過也沒關係，想想韓國電影《寄生上流》那場淹水戲也行，就是你只能看著水一直淹上來，淹沒地板、椅子和桌子，接著淹沒架子，一路淹到連人的希望都被淹沒，卻無能為力。

由於沒錢，所以那些山東幫都看不起我爸爸，因為我爸爸是其中最沒有財力的，他的那些世交朋友，都是老闆級的，我媽媽的閨密好友，也是嫁給有錢人；人家住的是天母公園旁的豪宅，我們全家是擠在三重的小房子，如果

狂人之路

你認為「有錢不一定比較幸福快樂」？我要告訴你，貧賤夫妻百事哀，有錢不是萬能，但是沒錢萬萬不能。你要我「不要以貴賤論英雄」？但是如果你每年過年都要被抓去仰人鼻息，被逼著切身感受貧富懸殊，我不相信你心裡沒有強烈渴望「出人頭地」的慾望！

我就是這樣長大的，每到過年，爸媽總會帶著我們這些孩子，大年初一開始去拜望長輩、去感謝對他這一年有幫助的人。每年初一的這兩餐，總是令我如坐針氈，因為在這些長輩家裡，用餐時板凳只能坐三分之一，飯菜才吃一點點，就要裝懂事說吃飽了，要有禮貌、要有規矩，看著父母對這些長輩低聲下氣地鞠躬哈腰，還要說盡好話，我就一肚子的難受。那兩頓飯，縱使菜色再豐盛，對我來說都是沒味道、很不好吃的，一心只想要離開。所以我當時就發誓，長大之後一定要成功、一定要強大，我要讓人家到我家拜年！

「在夾縫中求生存」，是我要讓自己成為狂人的另一個原因。

我在家排行老二，哥哥出生時，因為是家中老大，又

是個帶把兒的，集三千寵愛於一身；輪到我出生時，家人也開心喜迎二寶，但兩年後弟弟出生，我的寵愛就被搶走了，我從本來的老么，一夜之間變成了老二。大家都知道，老二就是在夾縫中求生存，我成了名符其實的夾心餅乾，爺爺不疼姥姥不愛，沒有長孫的優勢，也沒有老么的特權，後來出生的妹妹，是一個慢飛天使遲緩兒，始終只有三歲智商，似乎也無法對她有任何期待。在這樣的環境下，我知道，如果我不能讓自己有價值，我在這個家就沒有存在感，我只好為自己的生存努力戰鬥。

　　四個孩子裡，媽媽最不愛我，就因為我是老二。我大哥不用管事，他只管開開心心地戀愛；我弟弟也不用做事，反正有我這個二哥會來照顧弟弟；至於我妹妹，她就是個慢飛兒，她只要不出狀況，我就阿彌陀佛。我是兄弟間能力最強的那個，而且我也願意做事，我媽是柿子挑軟的捏那種人，我在她眼中，就是那顆軟柿子。

　　說到我媽，她才是個時間管理大師。她在我爸爸面前是個好媽媽、好太太，我爸爸每天早上九點出門上班、晚上十一點才回來，只要他一出門，我媽就跑去打麻將，直

到我爸爸下班前一個小時，她才會趕回來當賢妻良母，煮一碗熱騰騰的山東麵給我爸爸吃，我爸爸就覺得這個老婆好棒棒，所以她出門打牌，我就要負責煮飯照顧家裡。小時候我很怕我媽媽打牌，因為她輸了就會來打我，小孩子被大人打一定是一頓哭啊，接著她就會怪我，說我爸爸被我哭窮，這些畫面和對白，一直烙印在我心深處。就連長大了，我媽也沒放過我，我剛退伍買了機車要上班，她很清楚地告訴我：「這是我借你的錢，你要還。」在我退伍第一個月還沒找到工作的時候，她也來跟我說：「你這個月的錢還沒給我。」等到我開始工作賺錢，她也是每個月要我把薪水上繳。我十八歲那年，爸爸過世了，所以我們更要靠自己，而我媽呢？當然是靠我啊！我媽說我爸走了以後，家裡沒有經濟支柱，大家要共體時艱，要我把錢給她——讓她去打麻將。

我們這個家庭的關係很微妙，我和我父親其實並不熟，父子倆的感情說不上好或者不好。在那個年代，這種窮苦又傳統的家庭，每天他下班回家時，我們已經睡覺了；早上我們出門上課之後，他才起床上班，頂多禮拜六去找他

吃個飯，算是比較開心的時候，因為能去西門町找人吃飯，在那個年代算是很屌的事情。而我和我媽之間，就如同我所說的，我對她除了母子血緣關係，並不存在太多的感情，畢竟從小要自己拼了命才能在家裡有一席之地，結果還要不斷地被情勒、索討，我很想愛她，但情緒和金錢，卻成了我們母子之間最高的屏障。在這樣扭曲的環境、家人情份很淡薄的環境長大，造就了我知道什麼事都必須靠自己的個性，我知道，唯有把自己變得強大、讓自己屹立不搖，才沒有人可以撼動我！

說到這，你們是不是以為我會對家人不好？那你們就錯了！因為窮，因為要在夾縫中求生存，所以我討厭被人看不起，所以我立志成為一個強大的人，而我最終也成為一個強大的人，強到我幫我媽和我弟各買一間六十八坪的雙拼電梯豪宅，還送裝修、送電器，他們只要拎包入住。因為，我要告訴他們，我不靠任何人，一樣可以這麼強大！

很狂嗎？那就對了！我就是狂，因為我做得到！

拿文憑不如動動腦

＊

怎樣 又怎樣 就這樣 禁區裡去闖

這地方就屬我最狂妄

怎樣 想怎樣 用速度力抗這磁場

你敢不敢 接受這挑戰

～〈怎樣〉

我是「文憑無用論」的擁護者！

我一直覺得，文憑只是個假象，念書應該是要學會應對進退與邏輯，而不是死讀書，所以我不愛念書，但這不等於我沒腦，更不等於我是笨蛋。真正的笨蛋是把腦子用

在無用的地方，我的腦，要用來為自己創造未來。

我就問，考九十分和考六十分有什麼差別？都是及格，有什麼好計較的？別以為我這麼說是因為我不會念書，相反地，我從小到大成績都不差，甚至還考上了當年的第一名校——私立格致中學，不知道的人可以去 Google 一下或者問問家中長輩，格致中學是個什麼樣的學校？有多難考？那個時候，只要是格致中學畢業，高中聯考至少能考上前三志願，所以非常搶手。但是，這學校入學要剃光頭，每天除了考試還是考試，最可怕的是，要上教務處對著麥克風向全校朗誦英文，壓力大到每個人都在胃痛；然後上課要上到除夕當天，過年還只放假兩天，我哥哥在三重國中，寒假可是放了一個月！最重要的是，有一件非常沒道理的事，就是「什麼都不要問，背起來就對了！」例如：數學的三角函數或開根號，我舉手問老師：「請問老師這個我什麼時候可以用到？」英文課我問老師：「為什麼 Book 是書的意思？中文每個字都有它的演變史，英文一定要死背嗎？」所有老師給我的答案，千篇一律都是「你要念就念，該背就背，不要在這裡妖言惑眾。」所以各位想一想，我

的選擇是什麼？當然是不要念啊，又不會死。我討厭死讀書，我討厭沒道理沒原則的事，我寧可去找另一條途徑，完成我想要達成的目標，條條大路通羅馬，為什麼只有死背一條路？所以我的英文程度停留在國一下學期，哈哈哈！

在格致中學念了半年之後，我轉學到公立的三重國中，我這匹脫韁野馬，在校園放肆地奔跑中，找到了屬於我的賽道——童軍團！

童軍團裡面學到的東西有趣多了，可能因為是窮孩子，也可能因為在家裡什麼事都要自己做，只要做中學、學中做，我很快地學會了童軍團裡面的大大小小事，所以各種生活比賽、繩結比賽，所有不用背的比賽，我都能拿第一名，厲害到老師拜託我進童軍團，直接擔任四個小隊的連隊長。更厲害的是，在我國二的時候，我竟然主持了規模多達三千人的營火晚會，那是台灣第一次的營火大會，三千人即使到現在都還是很可觀的人數，更何況那時候我才是個國二學生，我在這三千人間穿梭指揮，順順利利地辦完這場營火大會。但是你真以為我這麼厲害？其實我緊張得胃痙攣，痛得在地上打滾，但是我告訴自己，如果我

退縮就輸了，我要出人頭地，我要讓人看得起，我不能輸！我告訴自己，熬過去，只要熬得過去，就是你的！這個機會你不抓住，下一次機會在哪裡？我在心裡告訴自己：「孫德榮你一定要撐下去，就會有很多人看到你，機會就來了。」

在童軍團混得如魚得水的我，利用我在童軍團的優勢，開始幫家裡做生意賺錢。以前國中童子軍的領巾都是紅色鑲白邊，但我自己帶的團一共三十二人，加上我自己還有副隊長的領巾，都被我全部換成金黃色，因為我覺得金黃色才是高貴色！其實，之所以換成黃領巾，有我的目的，因為我爸爸是做布的，一條領巾我可以賺五塊錢，三十四條領巾就賺了一百七十元，五十年前的一百七十元，相當於現在將近兩千元，對於當時窮苦的我們來說，算是一筆很不錯的收入，我媽高興得不得了。

在我利用「職務之便」賺到錢之後，我向團長提案帶童軍團出去訓練個三到五天的計畫。我深信準備非常重要，我開始寫人生的第一個企劃案，計畫帶我的童軍團到野外露營三天兩夜。企劃案也不是天馬行空想怎麼寫就怎麼寫，

狂人之路

企劃內容要經團長同意，而且裡面還要包含預算，要用最合理的價錢，完成最高的效益，每一分錢都要花在刀口上；出去採買一次就要買到三十五個人的份量，你也知道，十幾歲青少年正在發育期的孩子很會吃啊！我帶著錢到市場買這麼多東西，當然要殺價，實際的支出還不能超過預算，但如果能讓大家吃飽吃好還有盈餘，當然可以視為收入。因為我的企劃想法好，之前帶隊的成績也好，團長當然同意了。光帶團出去這五天，我就賺到了一千多塊，不但正當賺錢，還能改善家裡的經濟問題。

在執行童軍團訓練這件事，讓我悟出「生活即工作，工作就是生活。」如何利用職務之便可以改變別人？我把領巾從紅色改為高貴的黃色，這一個改變既可以讓團隊引起注目、煥然一新，還可以幫助家裡的開銷，何樂而不為？我不能接受永遠都要以前的人怎麼做，我們就只能跟著做。不打破常規，你怎麼會被記住，怎麼創新？

如同我一開頭說的，文憑無用，所以為了趕快出社會賺錢，我選擇就讀育達高職，因為只要三年就可以出社會工作賺錢。畢竟我家過去長期被有錢人看不起，所以我從

小立志一定要當有錢人，上一代沒有成就，並不代表我未來沒有地位，我一直認為機會是人創造出來的，你不創造機會，就永遠沒有機會，所以我抓住所有的機會，奮力向前，我要當那個第一名！因為要別人看得起，就一定要搶第一，只有第一名會被記住，第二名對我而言就是失敗。

育達畢業之後，我在坪林找到一塊露營的營地，開始了我出社會的第一份工作。靠著帶童軍團的經驗和背景，我幫這塊營地的老闆規劃設計整個營區的活動，每天晚上我忙得要死，因為只要來我們營地租借器材消費的人數超過二十個人，我就會幫他們辦營火晚會，還要帶團康、整理總管理處所有的裝備和器材，雖然做得多，收穫也多。

由於當時是夏天，夏天露營一定會口渴，我就開始在營區賣可樂。現在我們到便利商店買一罐可樂二十塊錢吧？四十幾年前，我在營區一瓶可樂也賣二十塊錢，很過分嗎？當你要走很遠才能買到一瓶可樂，你會不會被我眼前這瓶方便又清涼的可樂誘惑，然後直接掏出二十塊錢跟我買呢？這就像現在有了 Uber Eats 和 Foodpanda 之後，很多人懶得出門，寧可付外送費讓人幫你把食物送到家門口是一樣的

道理。果然，我的可樂一推出就非常暢銷，連賣都來不及，我們就是不斷地收錢給可樂、收錢給可樂，當時沒有銅板，十塊錢都是紙鈔，我們實在太忙了，收到的鈔票全部先丟到垃圾袋，晚上有空再來清算，真的是所謂「賺錢賺到來不及數」！到了晚上，當我們看到垃圾袋裡滿滿的紅色鈔票，我就知道我的市場眼光沒錯！你說老闆要不要疼我？老闆賺到了錢，我的薪水當然也就跟著三級跳。

我是一個把老闆的錢當自己的錢在花的好員工，也會替老闆找另外的收入，在露營地的工作五花八門，又多又雜又忙又累，但這個寶貴的歷練讓我迄今無役不勝。秉持著這樣的做事態度，之後不管我做任何一項工作，從來沒有經歷三個月試用期的情形，而且通常過完第一個月就加薪；我的工作理念是「老闆可以挑我，我也可以挑工作。」我的字典裡沒有「難」這個字，只有我「要不要」做。

誰不想成功？尤其我這個出生在什麼都沒有的家庭的窮孩子，更想成功，但是成功不是我自己贏就好，我是個很有原則的人，我要獲得自己的成功之前，一定要先讓老闆贏，這樣我才會得到賞賜的機會，而我會克盡職守奮發向上，沒

有不可能完成的任務；當我可以幫助老闆達成超過他預期的成功時，老闆只能呵護我，疼愛我，深怕我不開心離職。不過，當我的老闆也很辛苦，因為不是他說的每一件事我都會照做，凡是我認為不合理、不會成功的，一定抗爭到底，老闆對我永遠又愛又恨。

因為童軍團的訓練，我的人生一直在實踐童軍名言——「準備、日行一善、人生以服務為目的。」做人處事上，我只有一個原則，將心比心，你自己能接受，一定問題不大，這一輩子都是別人負我，我從不佔別人便宜，我相信輪迴，我相信報應。

所以我說拿文憑不如動動腦。首先，你得想清楚你的人生目標是什麼，接著，就是把五官打開，掃描周遭所有可能幫助你達成目標的人、事、物，全部輸入你的腦子，讓你的腦子往那個地方動，順著這個脈絡，你就會找到你要的那條路！不要三天打魚四天曬網，每個月找工作，像隻無頭蒼蠅，人生注定要失敗。我從童軍團打開自己的任督二脈，童軍團涵蓋食、衣、住、行、創意、領導統御、企劃、執行和結案報告等，我在這裡找到我人生方向的脈絡，相

信你也可以找到你的脈絡。這不是文憑可以給你的，這也不是考試會考的題目，一切都在你的腦子裡！

頑皮的泥鰍

✽

加重所有節拍 把對手電到腿軟

怎樣 又怎樣 就這樣 禁區裡去闖

這地方就屬我最狂妄

~〈怎樣〉

　　泥鰍是廣適性魚類，對水質、溶氧量、水溫及食物等環境因子有很強的適應能力，除了用鰓呼吸以外，還能進行腸呼吸，在缺水的環境中只要泥土保持濕潤，仍可存活很長的時間。泥鰍是雜食性的生物，對於環境適應性極強，身體滑溜、難以捕捉；牠也是變溫性魚類，生存水溫範圍 0～41℃，因應環境不同的溫度，能變通出不同的生存方

法。為什麼要講泥鰍？因為我就是泥鰍。

大家所認識的孫總是一個很狂的經紀人，事實上，在成為孫總之前的孫德榮，是一個很頑皮又搞笑，像泥鰍一樣很會鑽又沒人抓得住的人。

這本書從開宗明義就告訴大家，我來自一個窮苦的家庭，但是我人窮志不窮，我不認命，不認為窮人家小孩就一定要很可憐很苦，既然我立志要讓孫家揚眉吐氣，我就要想盡辦法生存，所以我每天張開眼睛都在尋找各種機會，在生活周遭到處鑽來鑽去，像個泥鰍一樣，找到機會就鑽，只要能達到我的目的，我就鑽！而且我除了找到機會就鑽之外，也因為腦筋動得太快了，所以老闆根本抓不住我，我提出的所有計劃和策略，樣樣成功，樣樣幫老闆得到最高利益，最後，只要我提出什麼想法跟要求，老闆也只能答應我。

我人生賺到的第一筆錢是仲介費，那時候我只是個光興國小三年級的學生，有一天我聽到學校有位外省老師要租屋，就開始在我家附近幫他找房子，街頭巷尾鑽來鑽去，從布告欄到街口的紅紙條，都逃不過我的眼睛，果然被我

找到一間，我趕快跟我媽說，要我媽快去學校告訴老師，結果老師真的租了，我因此賺到第一個紅包！沒辦法，窮人家小孩對錢很敏感，從小只要聽到哪裡有錢聲，我就往哪裡走，所以我媽都叫我錢鼠，因為我屬老鼠。

到了國中時期，我是全校的兩顆頭之一，什麼叫做兩顆頭？因為我身高比較高，因此升降旗典禮，我一定不能缺席，訓導主任一眼望去發現少一顆頭，就會大喊：「孫德榮在哪裡？」所以我完全不能做壞事，但也因此讓我成為一個容易受人矚目的人，既然被注意了，我這麼喜歡有光環的人，當然也就不客氣地大放異彩啦！所以我加入童軍團之後如魚得水，帶團帶得風風火火，還能舉辦營火大會、帶小隊出去培訓，即使把領巾顏色從紅色改成黃色，替我爸爸的布莊賺錢，老師也沒意見，我就這樣成了學校的風雲人物。

上了高中，那是育達商職剛開始招收男生的前幾年，從高一有四個男生班到高三只剩兩個男生班，所以男生當然很容易被注意到，而我是裡面很少見的優秀男生，因為學校小型康樂活動、演講、辯論等等，我都會得到很好的

狂人之路

名次，教官就發現我鬼點子特別多，是學校公認的才子。眼看校慶就要到了，教官當然需要我的幫忙，憑著我從童軍團所培養出來的能力，我幫教官編排了整個校慶活動，競賽遊戲和園遊會這些都由我策劃，對我來說既簡單又好玩，一下子就解決了讓教官頭大的校慶問題，所以校慶期間我根本在校園裡橫著走，甚至可以把毛衣穿在軍訓服外面（以前的規定，毛衣是不可以穿在軍訓服外面的，你看有多八股多不人道！），不管我怎麼亂穿衣服，教官都不會管我，因為那一個禮拜，教官要靠我才能把校慶辦好啊！只是等校慶一辦完，我沒有利用價值了，從校慶一條龍，變回校園一條蟲。

從童軍團開始的這些訓練，到高中的這些活動設計，讓我具備了一身的武功，後來我就用這些技能訓練我的藝人，讓他們說學逗唱、能玩能跳，所以我的藝人無論上什麼節目都所向無敵，因為綜藝節目上玩的遊戲，都是以前我們童軍團在玩的啊！

很多時候，鑽來鑽去不見得是為了錢。念育達商職時，家裡沒錢，但是正在發育的我會肚子餓啊！找不到賺更多

錢的機會怎麼辦？到底怎麼樣才能不花錢又不會餓肚子？我發現學校地下室餐廳的蚵仔麵線生意很好，老闆常常忙不過來，我就自告奮勇，每天下課十分鐘就跑去幫忙賣蚵仔麵線，老闆說他沒有辦法付我薪水，我說：「沒關係，你請我吃蚵仔麵線吃就可以了！」雖然我沒有賺到錢，但是換到了免費的晚餐，把自己餵飽，是不是達到了我不花錢又不會餓肚子的目的？現在的打工換宿的觀念，我可是在五十年前就有了喔！

十八歲那年，我爸爸過世了，我必須自己賺錢養活自己，所以就到了坪林的露營地去工作，憑著以前童軍團的經驗，我策劃露營活動、營火晚會、賣可樂……幫老闆賺了很多錢，只是當我賺錢賺得正開心的時候，人算不如天算，我收到了兵單，而且還是海軍，三年！

我記得很清楚，當我正在計劃12月20日的生日該如何慶祝，兵單卻要我12月18日到高雄左營的海軍新訓中心報到，就我二十歲生日的前兩天。原本嚮往著馬上要過生日的我，一下子從天堂跌到地獄，呼天搶地喊著：「就差兩天啊！我的人生怎麼這麼的爛，連兩天都不給我！」

狂人之路

那個年代當兵其實很苦,不是被老鳥教訓,就是被長官找麻煩,我當然不可能甘心當個被欺負的菜鳥,偏偏在結束新訓中心的訓練時,連上的老兵騎著車要載我回軍艦,以前軍隊的士官兵規定不能騎乘機車,但老兵叫我上車,你說我能不上嗎?果然,上了車之後的結果,就是直接在新訓中心門口被擋下來,這下死定了!載我回來的老兵沒事,我這個菜鳥卻被送往爆破隊,就是禁閉室。其實那時候,我只要打一通電話給任何一位新訓中心的長官就可以解決,但是部隊的人死都不讓我打電話,那是個沒有手機的年代,所以只能任人處置,這是我人生的第一次牢獄之災。

爆破隊是一個像地獄一樣的地方,白天出操被操得半死,晚上被老鳥打得半死,而且不能反抗不能叫;那個年代老兵欺負新兵是非常正常且規律的事,也沒有「霸凌」這個觀念,任何菜鳥遇到了,就只能吞了。所以當我知道要被送往爆破隊,我心想完蛋了⋯⋯,你知道人在生死一線間的求生欲有多旺盛?我立刻調動我所有聰明的思緒開始想辦法,我一定不能被整死,我一定要想辦法活下來。

那是個資訊完全不透明的時代，眼看自己就要被送到老鳥的虎口前了，我當然不願意接受這個事實，並相信我總有自己的辦法解套。

晚點名結束之後，老兵果然把我叫過去，要知道，老兵被關越久越大條，怎麼囂張怎麼來。他一看到我就問：「孫德榮，你為什麼被關進來？」我回答：「你覺得我像被關進來的人嗎？我是保防組派來的，因為聽說你們這裡面有很多冤屈，他們希望我來搞清楚，這就是我的任務。」這是我想出來的招，在說出口之前，我也沒把握是不是一定行得通，但是不試怎麼知道？可能是我演技夠好，也可能是我看起來就是一臉正氣凜然且充滿自信，總之，我這一謅，對方也就信了，而且還有點怕我！就這樣，我就在爆破隊過了七天幸福逍遙的日子，人家去出公差，我在寢室抽煙睡覺。所以，人不能沒有求生欲啊！

接下來我在部隊也不怎麼辛苦，為了不想承受肉體上的折磨，我和艦長條件交換，所有體力活、耗費體力的比賽，我都不參與，拜託他找人頂替我，所以我雖然是海軍，但是到現在還不會游泳，甚至沒有出過操。既然艦長答應

幫我，我當然要回饋他，所以我答應他，剩下來所有非勞動體力的比賽，例如演講、朗誦、辯論和小型康樂等，我全部包辦，而且保證一定會拿名次，讓他有面子。

就這樣，我在軍中過得很舒服，不擅長的體力活交給別人去做，我做我擅長的事，還保證幫大家拿獎。因為太常在各種比賽得獎，我的獎品一大堆，但是軍中每次比賽的獎品，不是牙膏、牙刷就是肥皂，我哪會在意這些東西，我就跟艦上的同事說：「你們想要的自己上去領，領完就都是你們的。」大家輪番去領這些獎品，領得可開心了！終於有一次被艦隊長發覺，在頒獎台大聲說：「為什麼每一次上台領獎的孫德榮都長得不一樣？」哈哈哈，因為孫德榮是泥鰍啊！

除此之外，由於我是育達商職商科畢業，所以我被派的工作是軍艦上的財務和糧秣，親愛的好朋友，那個年代是財務官到碼頭發現金，把薪水裝到薪餉袋裡發放的，所以整條船的財務都在我的掌控之下。窮人家孩子對於錢真是太敏感了，我當然運用自如；當兵的大家都貧瘠匱乏、都缺錢，所以在那個年代，「起互助會」是一件再平常不

過的事,所有的薪資都在我這裡,我是當然的會頭,誰起互助會一定要通報我,我也一定支持。我是個有原則的人,身為會頭,我立下一個規矩就是「前債不清,後債免談」,所以只要有人欠錢,發薪水時我會把他們所欠的債都扣掉,因此,每個互助會我都收尾會,也因此都會有一萬五到兩萬的收入,在當時這是相當大的一筆數字,也是我很重要的經濟來源。

　　這三年的海軍生涯,是我出社會前很重要的三年,還記得我常說的童軍名言「準備」吧?我們窮人家小孩沒時間休息,因為一退伍就必須趕快賺錢養家,所以我告訴自己,要在退伍前把所有該具備的能力、本錢和工作全都做完,例如:我的包皮是在退伍前三個月割的,因為免錢又可以休息一個禮拜,結果造成艦隊戰力匱乏,後來大家發現這個好康,都流行退伍前割包皮,艦隊長還因此大火,明令禁止割包皮這件事;我的駕照是在高雄趁休假上駕訓補習班順便考的;我因為互助會存下了一筆滿可觀的錢,做為出社會之後的本錢。退伍之前一切都準備好了,我可以專心投入未來不可知的社會!

狂人之路

你看，我是不是泥鰍？而且我還是一條頑皮的泥鰍，既然天生沒有好的家庭、好的出身，那就自己為自己創造吧！不論你給我什麼樣的環境，我都會想辦法生存下來，想辦法創造出對我有益的價值，而且是用有樂趣的方法生存下來。

別看我說得這麼樂觀，之所以會成為一隻泥鰍，是因為我一輩子任何事情都做最壞的打算，在腦子沙盤推演，碰到任何狀況應該用什麼方法去解決，所以碰到任何困難，我都能迎刃而解，因為我已經想方設法，有各種劇本去應付所有的災難，或是工作上的阻力。我幾乎沒有當過基層員工，連跳兩級或三級是非常稀鬆平常的事，所以我很自信，別人都覺得我很驕傲，他們都不知道我平常下了多少苦工，我也經常失眠，雖然頑皮的泥鰍如我，其實我的人生非常寂寞孤獨，很少人了解我。我要說的是，不管你出身是什麼樣的家庭，只有你自己可以掌握自己的人生，我的人生受到童軍的啟發而萌芽，一路走來，我秉持著童軍精神克服困難、解決問題，更不忘幫助別人，即使孤獨寂寞，頑皮的泥鰍還是過得豐富且多采多姿。

靠智商成功

*

夠勇敢就能夠成為頂尖高手

越是棋逢對手鬥志越轟動　看我帶領全場心跳的爆走

一直拚到最後　最後　是我自己對自己的戰鬥

獎品是妳閃閃發亮的笑容　在勝負關頭

只要有妳為我加油

～〈頂尖高手〉

　　我家無恆產，也沒有親戚，家人更不可能支援我；爸爸生前又被看輕，我不爽我們孫家的人被人這樣看不起，所以我一定要替我爸揚眉吐氣！

狂人之路

我一直說著我要第一名、我要成功,最大的推動力量就是我的出身家庭。如果沒有這樣的成長背景,也許我還沒辦法有這麼強大的願力;如果小時候沒有看人臉色過日子,我也不會這麼想要證明,我們孫家不用靠任何人也可以這麼強,甚至比你們還強。我心裡的渴望,時時刻刻都在催促著我快點成功,趕快成為一個打不倒的人,而且還要成為一個可以幫助別人的人!

大家現在看我這樣,好像日子過得很好,錢多到花不完,還能養媽媽養弟弟養房子,其實這一切不是天上掉下來的,都是我努力不懈換來的。從童軍團到當兵到出社會,我想盡辦法萬事得第一,最後,我發現,用智商賺錢才是我最擅長的!二十九歲以前,我都在找可以白手起家的工作,因為家裡窮,所以做過國民旅遊、露營地、賣球鞋,後來在中壢工業區的餐廳當特別助理,一個月後升董事長執行秘書,樣樣成功,樣樣得到最高賞識,所用的就是童軍法則──準備!只要準備就會有方法,就會有計劃和策略,用的就是「智商」!

首先是國民旅遊。因為過去帶童軍團、在露營地工作

的經驗，我對「玩」很有一套。那個年代的經濟沒有現在發達，出國的風氣還不盛行，我看準了在台灣本島的國民旅遊，主推企業的員工福利旅遊，包括IBM、中國商銀、宏碁電腦等大廠商，都是我的客戶。企業照顧員工，福委會有固定的預算要消化，而且他們一來就是幾百人的團，我帶過最大的車隊是十六輛車，很多人吧？我主攻別人沒有的晚會活動，所以我們的旅行社經營得風風火火，大家都指名要我帶團。名和利都有了，但我覺得旅遊業可控因素太少，因為飯店出錯是我的錯、遊覽車拋錨也是我的錯，便當吃不好烙賽、餐廳菜色不好也算我的錯，不值得投入。

後來我把旅行社改成活動服務公司，其實就是現在的公關公司，我包下整個埔心牧場，我的行銷策略就是用故事包裝，把牧場定為「乳牛的故鄉」，把牧場包裝成一個故事去進行所有的活動，針對兒童去認識牛和乳，對大人我就用二十個攤位讓他們去學習才藝、插花和手擀麵，創造你來玩的理由；其實這就像現在所謂的「文創故事場域」或「觀光工廠」這些概念一樣，這些觀念我三十年前就有了啊！我會講故事，讓來的人對這個故事有融合感，就會

對這裡產生情感、愛上這裡。而我們的企劃又讓這些地方很好玩，遊客自然就會喜歡這裡，覺得這裡值得玩並且還會再來。這個策略也大獲成功，讓我又創造一個高潮，事業再造頂峰！但我後來決定不做了，因為我每一次要顧幾十個攤位、要搭舞台、要身兼主持人，還要睡在舞台上盯工，真是累死我了，這個事不能再做了。

　　我一輩子都靠口才賺錢，於是就想試試賣實體的東西，看能不能成功。找到了德國進口的球鞋「宜家跑」銷售一職，我去面試時，總經理本來說他不用射手座的員工，但是他問了我一個問題，要我看窗外三十秒，問我看到什麼？我說「我看到外面沒穿球鞋的都是我們的客戶！」然後他又問我，如果讓我賣消防器材我可以嗎？我說「你把說明書給我，只要我學會操作，我就可以去賣。」老闆聽了說，好，你屌，我用你！結果他竟然給我心目中最爛的區域──士林夜市。為什麼？因為當時的士林夜市是仿冒天堂，我們這種正牌的東西，相形之下非常不好賣！但是三個月後，還是被我做成功了！怎麼辦到的？要跟店家搏感情啊！我親自去店裡幫他們進貨、理貨，還幫忙擺鞋子，我這麼熱心熱情、事必躬親，那些運動用品店的老闆們也不好意思

說不要吧！我再給他們一點點優惠，他們當然就會用力幫我推銷我的產品，只要他們願意幫我推銷，我的東西就會賣啊！這麼努力又勤快付出的結果，就是讓這個牌子在士林起死回生。但是，在這鞋子賣得最好的時候，我辭職了！總經理在全台北通緝我，到處跟人說：「見到孫德榮叫他立刻回公司。」我被老闆「通緝」耶！

總經理：「孫德榮，我哪裡對不起你？你要離職？」

我：「老闆，不是你對不起我，是我做得太好，一天這麼長，我下午三點就沒事幹了，我把事情都做完了，我不知道我還能幹什麼？」

總經理：「你這樣對得起你的客戶嗎？」

總之，我離職了，讓我弟弟接手，我弟弟的名字跟我差一個字，結果我弟弟不到兩個月就被開除了。

後來進入娛樂圈工作，更是一個要鬥智的環境。

我終於進入了夢寐以求的滾石唱片，但是我進去滾石後，整整一個月沒有工作；我還自嘲因為我的人事命令生效日是四月一日愚人節吧！但沒事做找我來上班幹嘛？我實在受不了，就去找挖角我進滾石的張培仁（Landy）問：

「你讓我完全沒有工作，你到底找我進來幹嘛？」Landy回答：「我觀察了這個行業很久，你未來會是一個很可怕的敵人，所以我寧願先跟你交朋友。」我沒想到他竟然這樣回我，但我也不是這樣被摸摸頭就滿足的人，我告訴他：「你這樣說很有道理沒錯，但是你讓我沒有工作，我要走人。」

那怎麼行，Landy於是給了我三張專輯總共六十萬的預算，讓我自由發揮。我寫了一個史無前例的校園活動企劃——《就是我們》，我要辦二十場讓「滾石歌手走進校園」的校園活動。以前滾石唱片的歌手是不進校園的，是我讓滾石的歌手走進校園開演唱會。開演唱會要錢，我那六十萬根本不夠用，於是我帶著我的企劃案拜訪當時兩大飲料廠商——可口可樂跟黑松汽水。

「黑松」是本土品牌，態度比較保守，我的提案根本石沉大海；而「可口可樂」的副總裁親自邀請我去開會，我們相談甚歡，但當下他並沒有給我確切答覆，所以臨走前他送我到電梯口，我的謊言就開始了：「副總裁，我明天要去黑松開會，他們好像有點意願。」下一秒，副總裁說：

「回辦公室！可口可樂獨家！」他拉著我回頭進辦公室簽約；我談到了可口可樂獨家贊助滾石校園演唱會一百二十萬元！真是個善意的謊言。

為了規避當年商業活動不能進入校園，贊助商不能秀出品牌 Logo 的規範，我用了一個很取巧的方式——活動背板用紅色的 Banner 和白色的字體；紅白搭配「就是我們」的活動名稱，再加上每一場抽一位送一年份可口可樂，全場聽到歡騰無比，你說，這樣一看，誰會不知道是可口可樂贊助的活動？廠商、唱片公司雙贏！

但其實這個企劃案一共要辦二十場演唱會，需要兩百四十萬元的預算才能完成，滾石給我六十萬，加上可口可樂贊助一百二十萬，還差六十萬。於是我開著車，親自逐一拜訪了三十間學校的學生會，我告訴這些學生會的幹部：「你們要辦迎新活動，有多少預算？你們把預算給我，我再補你們一些，我幫你們做一場非常有質感的演唱會。」我跟他們打包票，只要他們給我錢，我保證當時正紅的潘越雲、金智娟和周華健至少會來一個！就這樣，我用各校學生會的預算，補齊了整個企劃案的預算。但是，你以為

這樣就好了嗎？人生有這麼順利就好了，我回到公司報告成果，沒想到公司高層不批我的公文，幸好，Landy 挺我，他說：「你去吧，有事情我扛。」就這樣，我辦了全台二十場滾石校園演唱會，場場爆滿，獲得巨大成功，也捧紅了新人階段的林強跟溫金龍──林強的〈向前走〉每次都是台上台下一起嗨唱；溫金龍用二胡拉出「ＸＸ娘」的諧音音調，和〈Unchained Melody〉（電影《第六感生死戀》主題曲），不僅上遍綜藝節目，也總是在校園場讓學生嗨翻天的武器。

就這樣，活動越做越成功，帶動歌手們發片時的銷售量，當時滾石發的專輯幾乎張張大賣，我相對地也 Cover 了活動預算，公司不用出太多錢。

所以為什麼我說，拿文憑不如動動腦，因為只要你懂得善用你的智商，就會發現有無限的可能，不要怕嘗試，勇敢做別人不敢做的事，所有的機會都是靠智商創造出來。機會是自己創造出來的，你不去創造，機會不會自己來找你，你們看，以上的每一件事，是不是都是我自己創造出來的機會？所以不要再怨恨命運了！

自己的路自己開

✻

> 我要開始綻放　屬於我的幸福
>
> 給妳黑夜的光　溫暖的保護
>
> 我要用力綻放　哪怕滄海一粟
>
> 那個開花結果的人會是我
>
> ～〈綻放〉

　　我從小就知道我會走進演藝娛樂圈,而且會做一輩子。為什麼?我也不知道,就是我心裡始終覺得我會走上這一條路。

　　小時候,我就會自製卡拉OK,我會把錄音帶的聲音分

離，變成只有音樂的伴唱帶，然後自己跟著音樂聲唱歌，那是個還沒有卡拉OK，更不用說KTV的年代；而參加童軍團，我學會了各種團康活動、遊戲、舉辦營火晚會，而且還能主持，所以我知道自己有這方面的天份。加上後來我有一段時間做旅行社，帶宏碁、IBM和統一企業的團，也是在組織和整合各種娛樂活動，冥冥之中，好像我所做的所有事情，都在為我進入演藝娛樂圈打基礎。而我看到電視上的綜藝節目裡面那些遊戲比如喝水傳話、蘿蔔蹲，那根本都是我們童軍在玩的啊！所以我知道，只要能讓我進入娛樂圈，我一定可以如魚得水，做到讓人刮目相看！

與其說進入演藝娛樂圈是夢想，不如說是對這個行業的憧憬，但是憧憬歸憧憬，想成為這個行業的一分子，這條路還得靠自己鋪。曾經，我也想得很簡單，因為我有位同學的哥哥，是當年最夯的節目《綜藝100》其中一任製作人，《綜藝100》是1980年代的綜藝節目，收視率高、每個單元都受歡迎，例如「非廣告」和易百拉的「星際新聞」，以及全國最矚目，捧紅林慧萍、金瑞瑤、蘇芮、江蕙和沈文程等國台語歌手的「流行歌曲暢銷排行榜」，是許多歌

星擠破頭都想上的節目。所以我想讓我同學幫我引薦，但他死都不幫我介紹，因為他知道我比他強，怕我搶了他的機會。從此，我就知道，這個行業雖然看起來很 Open，其實很封閉，如果沒有關係、沒有人推薦，你根本進不去。

不幫我推薦，不幫我介紹是吧？沒關係！機會是自己創造的，我最不怕的就是「難」，因為這個字不會被放進我的字典裡。當時我已經工作了幾年，從賣鞋子、幫人開餐廳，到旅行社，我都做過，有了商場上實戰的做生意、跑通路、面對客人和各種銷售經驗，再加上從童軍團還有露營地開始累積的行銷、企劃及團康這些能力，也存到了一些錢，我知道我進入娛樂圈的基礎打好了！我把原來的旅行社轉型為活動經紀公司，買了一輛九人巴，就開始到處找機會接活動，不管大小事我們都接，目的就是想方設法接近娛樂圈。

那幾年因為台灣的唱片市場蓬勃發展，市場上的盜版非常猖獗，不管是路邊攤還是夜市，到處都有盜版的卡帶，唱片業為了打擊盜版，六十位歌手、各大唱片公司不分彼此，派出最頂尖的歌手，在 1985 年合力推出《明天會更好》

這首單曲。為了要響應這個打擊盜版的決心，唱片公司發起了歌迷把所購買的卡帶、唱片中的回卡寄回唱片公司的活動，我就義務把這個工作接下來，那陣子每天要處理三大麻袋的信件回卡，把我全公司的同事操到快死，這是別人不願意做的事，但是我願意。沒錯，站在某個角度來看，這樣把公司同事操到死又沒錢的做法，實在很吃虧，但我沒有任何門路、沒有任何關係，如果我不這麼做，我沒辦法拿到敲門磚。怎麼走進這個行業？我認為，先拿出自己的誠意，別人才會願意正眼看你，和你做朋友，事實證明，我因此建立了和唱片公司之間的關係，我覺得很值得。

免費替人打工的事，我真的沒少做，那時候，別人不願意做的事，我都撿起來做，因為通往娛樂圈的路要靠自己鋪，娛樂圈就在眼前，而我正在過河，我必須自己把橋搭好才能走到對岸。工作幾年下來，我存了一些錢當作頭款，再加上貸款，我去買了一輛麵包車，開始幫唱片公司接送藝人，從司機做起，算是最早的保母車的雛形。那時我幾乎全包了滾石唱片活動場的藝人接送工作，也因為這層關係，我得知那年的十二月三十一日，滾石唱片的歌手

要在台北中華體育館（現在的小巨蛋旁）舉辦《快樂天堂》跨年演唱會。而在那前一週，飛碟唱片為了要跟滾石唱片互別苗頭，則搶先在同一場地舉行《飛向未來》演唱會。那是1986年的事，台灣當時兩大唱片公司「滾石」和「飛碟」各自推出一首重量級的群星合唱曲，滾石的是〈快樂天堂〉，演唱歌手有張艾嘉、陳淑樺、黃韻玲、唐曉詩、齊豫、潘越雲、紀宏仁、錢懷琪、李宗盛、鄭華娟、周華健和王新蓮；飛碟則是由蘇芮、黃鶯鶯、蔡琴、王芷蕾、翁孝良、李壽全、娃娃金智娟、丁曉雯和林隆璇等人合唱〈飛向未來〉。這是當年兩大龍頭唱片公司年度最大的盛事。所以當我知道這個消息，我馬上開著我的九人巴去現場當「義工」，從接送藝人、買便當到搬道具，別人不肯做的我都做，只要能接近他們，跟他們一起工作，我有自信，他們一定會看到我，而最開心的事，是可以站在那邊看到這兩場演出的彩排。

看完那兩場彩排，我立下了一個心願，就是我以後要當「舞台總監」！你知道為什麼嗎？因為他最大啊！舞台總監在台下叫潘越雲往左，她就要往左；舞台總監喊說：

狂人之路

「周華健,你是下一個,不要亂跑喔!」周華健就不敢動,這種呼風喚雨的感覺好爽啊!也因為這次的機會,我對滾石唱片有了很大的憧憬,我告訴自己,我不但要進入娛樂圈,我還要進入滾石唱片!

當然,我當時只是個義工,要成為舞台總監還早得很,進入滾石唱片是更遙遠的事。有了這樣的決心,我開始為自己鋪路。

因為當過義工,交了一些朋友,也遇到了台灣唱片圈最鼎盛的時期,唱片公司編制內的工作人員不夠,我這個便宜又好用的人就得到了機會!當時滾石有很多外來藝人,例如香港來的張國榮,唱片公司的朋友忙不過來,就找我去幫忙,所以我帶的第一個港星是張國榮,身份是明星保母車司機兼宣傳。很多人以為當宣傳,就是開車帶藝人跑來跑去而已,其實當時唱片公司宣傳的身份,等於是現在的「執行經紀人」,所以我得先把自家歌手的歌詞都背得滾瓜爛熟,帶著張國榮去攝影棚的綜藝節目錄單歌。所謂「錄單歌」,就是電視台會在攝影棚搭一個專屬張國榮這首歌的佈景,讓他一個人像在拍 MV 那樣在景裡面走來走

去唱他的歌，但是因為張國榮國語不太好，中文歌詞背不起來，這時我就要在場邊躲在鏡頭拍不到的地方，大聲吼歌詞「停止轉動，喔 Baby，離開別人的懷裡～～」給他聽，好讓他可以準確地對嘴，所以隔了這麼久，我到現在還記得這首歌的歌詞！

　　為了幫自己鋪路，我選擇做所有別人不願意做的事，即使沒有半毛錢，我也願意做，因為我知道，只要我做了，他們一定看得到我，我是什麼事情都要做到第一的人，我連免費做義工，都能把別人不願意做的事情做到閃閃發光，你能不看到我嗎？這樣的付出一點也不吃虧，因為我要的是能讓我進入我的夢想，發揮我專長的舞台，只要讓我站上去，我一定可以做得很好，讓大家看到我！果然，因為這樣勤快地當義工，接近這個行業，累積很多經驗之後，那幾年沒事就泡在 Live House 而認識的音樂人翁孝良，對我伸出橄欖枝，邀請我跟他一起加入他開的音樂工作室──「銘聲」工作室。這條路，我為自己開成了！

要做就要愛

✳

就是想要和你在一起　就是想要緊緊永遠抱著你
請讓我努力去證明　在這個世界裡　最愛的人是你
就是想要和你在一起　就算再多阻礙也會很甜蜜
哪怕會颳風或下雨　只要你肯相信　再苦我也願意

~〈最愛是你〉

我常聽到很多人邊工作邊抱怨這個不好那個不對、這個老闆很討厭、那個同事很煩，如果你都不喜歡，那不要做啊！你以為別人就一定喜歡你？有本事，自己做，不要靠別人！沒本事，就閉嘴，好好把手上的事情做好。

我的觀念是「一件事情一旦決定要做，就要做到最好。」做到最好的前提，就是愛！只有愛你所做的事情，你才會為它著想，想辦法做到好，沒有愛，什麼都別談！從童軍到露營，從旅行社到公關活動公司到後來的餐廳，我愛我每一個階段的工作，所以我都能把他們做到最好，也因為這樣，才替我自己鋪了這一條進入娛樂圈的路。進了娛樂圈，對於藝人的愛，更是不能少。

我因為在中壢的餐廳從特助，晉升到董事長執行秘書，幫老闆賺很多錢，所以我想做什麼，老闆都答應。那時每天餐廳打烊時，就會放費玉清的〈晚安曲〉，我靈機一動，既然打烊播〈晚安曲〉，那開市應該也要有一首屬於我們自己的歌吧？我就找了以前在 Live House 認識的音樂人翁孝良，幫我們做餐廳專屬的開門歌曲，這首歌一放，代表我們餐廳就開市了！翁孝良為了寫這首歌，必須經常來餐廳找我們，他發現我是個可以合作的人，就邀我跟他一起創立了「銘聲工作室」。我們發掘的第一個歌手是張雨生。1988 年，張雨生和他所屬的樂團「Metal Kids」從第一屆《全國熱門音樂大賽》脫穎而出，被翁孝良簽進我

狂人之路

們的「銘聲工作室」，後來就以一首〈我的未來不是夢〉一炮而紅。說來好笑，我本來最想進的唱片公司是「滾石唱片」，但因為「銘聲工作室」是屬於「飛碟唱片」的製作公司，所以我反而先進了滾石的死對頭——飛碟體系。

當時張雨生還是政治大學的學生，我每天開著車，去政大接張雨生下課，再送他去錄音室錄音。這個時期我的主要工作，就是帶歌手錄音，還要參與製作會議選歌；飛碟唱片當時有兩大巨星，一個是張雨生，一個是王傑，但因為王傑是飛碟 In house（編制內）的歌手，而我們張雨生則是以經紀公司「銘聲」跟「飛碟」簽約，所以只是乾兒子，不像王傑是親生兒子。他們兩人同時期發片，結果王傑有歌迷會的 T 恤，張雨生沒有，我心想，他們兩個都是飛碟的歌手，張雨生怎麼可以沒有？既然同時發片，我的藝人就不能被比下去！我知道飛碟不會幫我做，我就自己去找贊助，我愛我的藝人，我的藝人不能輸！

那時候我帶著張雨生，一路帶到他推出首張個人專輯《天天想你》後去當兵，你知道嗎？張雨生本來抽到陸軍，還是我去幫他喬成憲兵，因為憲兵藝工隊我太熟了，為了

讓他當兵期間不要受到任何干擾，他進部隊的前一天，我人就去睡在憲光藝工隊張雨生的床上，那天晚上我站起來跟大家宣布：「明天有誰想對張雨生怎麼樣的，今天先對我！如果你們今天不敢，明天就給我安安靜靜，有種的過來！」哈哈哈！我是不是很照顧我的藝人？要做好這個藝人，就要好好愛他。

我對藝人的愛，是你無法想像的。對於藝人，我就是以「全心全意地為他們想」的方式去愛他們，因為你不愛他，別人為什麼要愛他？你愛他，就是要把他照顧得無微不至，讓藝人就只要做好他該做的表演，讓他無所顧忌地往前衝，剩下那些狗屁倒灶的都是你的事。如果你都不把他當做巨星了，誰會把他當巨星對待？

我們出外工作只有兩個原則，一是求名，二是求利。什麼事情都只往錢去想，很容易就沒意思了。有些事情，站在名的立場去想，想到這件事對你有什麼幫助，例如公益活動，常常就會得到不一樣的收穫。

大家回想一下（年輕人回去問你爸媽一下），很久以前機車騎士都沒有在戴安全帽，騎乘機車強制戴安全帽的

立法，就是我推動成功的，在我之前，這個法案一直躺在立法院，沒有人要通過，因為怕引起民怨反彈。有一天台北市交通大隊的大隊長找上我，當時我還是金點唱片的總經理。大隊長說他實在不忍心一年有三百多個青少年，因為出車禍沒有戴安全帽而變成植物人，我覺得這件事情太重要了！想到那些孩子出車禍的父母有多傷心，為了這樣的孩子，人生變了樣，生活負擔也跟著變重，我就覺得這件事情非做不可！

所以我規劃了五個星期的「推動強制戴安全帽立法」活動，在此列出我這五週的計畫：

第一週，跟慈濟合作，在台北市二十個路口一起貼「戴安全帽的安全寶寶」貼紙。

第二週，邀請當時有「台灣媽媽」形象的演員江霞拍攝宣導片，劇情是她目送兒子去上班，後來外頭在下雨，她看見桌上有兒子沒帶走的安全帽，擔心地望著窗外等待兒子平安回來……；同一週「金點唱片」旗下的中性風帥氣女歌手潘美辰，也拍了另一支宣傳片——她在辛亥隧道口騎著一部重機、頭戴安全帽對著鏡頭說：「戴安全帽也很帥！」

第三週，當時重機還不能合法上路，我找了二十部重機，每位騎士都戴上安全帽，載一個也戴安全帽的學生遊街，宣導「戴安全帽也很帥」。

在經歷了前三週的強力宣導後，第四週我帶著媒體去參觀專門收容植物人的「創世基金會」，告訴所有媒體和觀眾，你不戴安全帽的結果，最後就是在這裡休養，「創世基金會」就這樣被我打紅了。

第五週的活動，就是壓軸的重頭戲，交通大隊給了我兩位警察，天天在金點唱片上班，協助我在中正紀念堂辦了一場《交通警察謝謝你》大型演唱會，演出歌手不只有金點的藝人，很多唱片公司的大牌也共襄盛舉。結果演唱會當天大排隊，整個中正紀念堂滿滿的都是人，我們現場還頒發「優秀交通警察」獎牌給模範交通警察，這是第一次給交通警察這麼大的榮耀，也讓平常只能在路口吸廢氣的交通警察倍感光榮和驕傲。場面如此浩大，還有誰能不來？

所以我說，要做就要愛，只要真心愛你所做的工作，不管多累多苦都會願意付出，都甘之如飴，也一定會成功。

就像有一年，中視有一場在國父紀念館舉辦的國慶晚會，那是個直播節目，而我知道他們這場直播的規劃是「雙舞台、雙現場」，也就是國父紀念館內一個現場舞台，館外還會搭設另一個舞台，在直播的時候兩邊舞台互相串聯，這在當時直播還不盛行的年代，是很難的技術，即使現在都還是屬於高風險的做法。

為了這場國慶晚會好看，中視大膽地提出這樣的構想，真的很了不起，就因為我從來沒有做過這種雙舞台的轉播，所以即使我當時貴為金點唱片的總經理，我還是去當義工，結果就被指派專門負責接待天王劉德華。當時節目設計劉德華參加館內開場後，要利用進廣告的三分鐘之內，快速移動到外場耍指揮刀，領導海軍儀隊，而我，就是負責騎摩托車帶劉德華「瞬間移動」到場館外的那個人。雙十國慶當天，劉德華穿著帥氣的白色海軍軍官服，搭著我的摩托車，還抱著我的腰，哈哈哈！你看，因為愛，我可以不管自己是個總經理而去當義工；也因為愛，我騎摩托車載著天王被天王抱，這都是意想不到的收穫，好爽啊！可惜那時候沒有手機可以拍照，不然我就自拍了！

所以我說「要做就要愛」，只有愛，才能帶動你去把每件事情做好；只有愛，才能讓你對每件事情都充滿熱情；只有愛，別人眼中看起來是苦差事，在你眼中卻是樂趣無窮；也唯有愛，才能支持你在工作的道路上，不管碰到什麼問題，即使披荊斬棘，也都願意持續往前走！因為愛啊！

你知道，我以前有做過一首歌叫做〈因為愛〉嗎？來！請開始聽〈因為愛〉這首歌！

狂人之路

錢不是萬能　沒錢萬萬不能

＊

愛情的勇士們　請你要振作點

前方有危險　別 Run Away

靠你的智慧　勇敢的衝向前

勝利的號角響　萬萬歲

～〈勇士們〉

　　我不是愛錢，而是很愛賺錢，因為從小家裡窮，窮到讓人看不起，窮到要看人臉色過日子，窮到要全家擠在一個會淹水的小房子裡，所以我從小對錢就沒有什麼安全感，所以我這輩子一直在努力賺錢。我努力賺錢的目的，就是為了小時候那股想替爸爸爭的一口氣，要讓人家知道我們

孫家不靠你們山東幫，也可以很有出息！

　　努力了這麼久，我真的做到了，我除了替自己安頓了一間舒適的房子，也送給我媽和我弟一人一間豪宅，不是我多孝順多愛他們，我就是為了告訴人家：「我做得到！」當時我在內湖買了兩間六十八坪的雙拼別墅，並且把四個門打通，然後我自己住雙拼別墅的對面；過年的時候，我把雙拼別墅的門打開，我看著那兩間加起來一百三十六坪的房子，一眼看過去一望無際的廳堂，我告訴我自己：「啊～孫德榮，你做到了！」還有一次，我想用現金買輛車，因為我的私帳是我大嫂在管，我請她拿著我帳戶的錢去買，結果我大嫂買好車就通知我，說要把車子開過來給我，我告訴我大嫂：「那輛車是妳的。」因為這輛車，是我要謝謝我大嫂一直以來的照顧。所以你說，錢不是萬能，但是如果我沒錢，我就沒辦法替自己出這口氣。有時候，我坐在自家客廳看著我的房子，心裡都會很感謝自己，感謝我那貧窮的童年，感謝那些看不起我的長輩，是這些力量驅動我這麼努力，我才能做到小時候對自己的承諾，我相信我爸是以我為榮的。

狂人之路

我這輩子真的就是悶著頭一直賺錢，到底賺了多少？我真的從來沒算過，因為日常生活真的沒有什麼大開銷，所以我覺得銀行有錢可以用就好，要我拿著好幾本存摺去每家銀行刷、去了解，真是複雜又麻煩，反正夠用就行了，即使你現在問我有多少錢，我也會哈哈大笑，因為我真的不知道。一直到我得了癌症，在進開刀房前，我一想到不知道自己會不會醒來，就覺得「是不是該去把財產整理一下？」那時候我才第一次了解自己大概有多少錢，不整理還好，一整理完我的銀行帳戶，哦？還有這麼多？很多人以為我在炫耀我錢多，很抱歉，不是我炫耀錢多，我是在告訴你，是你賺得太少。我說句實在話，錢多膽大就萬能，但是沒錢萬萬不能。

就拿我生病來說，如果我沒錢，我生病開刀、看醫生的這些花費從哪裡來？家人、朋友誰會給我？不就是只能自己靠自己？我因為生病工作停擺的這些年，沒錢的日子怎麼過？朋友還會在你身邊嗎？家人還會說你好嗎？人要看清自己的處境，不要總想著別人會幫你。你要說是因為我前半生太拼命工作，結果差點沒命花？呵呵，我不這麼

想，我覺得老天爺要你人生怎麼走，是你自己控制不了的，所以老天爺讓我生在窮人家，我就努力讓自己成為有錢人；老天爺要我生病，我就乖乖接受病痛的折磨；老天爺沒把我帶走，那我就繼續認真面對剩下來的日子。還好我有錢，所以我可以把我的錢拿來做些有意義的事，你說，有錢是不是真好？

因為每天在家為自己吃飽等死實在太無聊，我開始拍 YouTube 頻道，主要是想讓自己每天努力動腦，跟新媒體時代接軌，最重要的是──我想幫助有為的年輕人。我花錢請人拍攝、剪輯，主題自己想、資源自己找，就是想要給年輕人一些被看到的曝光機會。我的頻道拍各種開箱，一毛錢都沒有收，我這麼愛賺錢的人，為什麼不收錢？因為我高興！因為我知道我幫助了一個未來會是有為的年輕人。成立了 YouTube 頻道之後，我交到很多朋友，我看到這些年輕人自己創業做得如此辛苦，卻沒做到點上，所以常常會義務支援他們行銷創意，希望他們少走些冤枉路。像我這種死過一次的人，對人生已經無所求了，就想幫他們一把。而且我的想法是，就算他們給我錢，讓我接他們的業

配，那些錢對我來說我一點也不在乎，不如利用「孫腫來了」這個頻道的力量，去幫他們製造聲量、創造銷售。好歹我還有十幾萬人訂閱，拍支影片讓他們被這十幾萬鐵粉看到，產品的能見度跟銷售量自然就會好。果然，被我介紹過的業績都飆升，他們都因此賺到錢！要不是我夠有錢，沒有賺錢的壓力，我能這樣幫他們嗎？還記得我的童軍名言吧？「準備、日行一善」！我這輩子一直都恪守這個童軍名言。

這兩年，我開始向下扎根，我覺得現在的小孩子們除了手機、iPad上的東西，好像就沒有什麼好的娛樂？兒童是國家未來的棟樑，只有他們的童年有被好好照顧、接受到好的薰陶，我們國家的未來才有希望。我此生沒有生兒育女的可能性，但我還是想為下一代做點什麼，想到這裡，我決定重啟「喬傑立娛樂」，並讓有為的年輕人加入，成立新的「新喬娛樂集團」，先拿下「兒童新樂園」一樓的樹蛙劇場，未來希望拿下二樓的展演廳，推出我對兒童一連串的計畫，例如推出恐龍相關周邊活動、兒童流行音樂舞台劇等……，請大家拭目以待。還記得我年輕時開過旅

行社，在埔心牧場搞過「乳牛的家」吧？現在，我希望在兒童新樂園打造一個爸爸媽媽可以帶小朋友來玩，一個讓親子一起互動的空間；小朋友也可以在我策劃的活動中玩得開心，我希望他們可以從這裡得到一個快樂的童年。

重啟「喬傑立」娛樂，我還有另一個目的，就是為了我的子弟兵秉融和冠達。他們兩個是過去的「太極」跟「魔幻1+1」成員，以前這兩個團體是我賠最多錢的，結果現在我反而最照顧他們，為什麼？我就吃飽太閒看不得人家弱啊！我做這些事情，都是為了讓他們有長久的事業可以經營，我自掏腰包培訓他們、幫他們找場地、帶著他們想點子、開會調整腳本，秉融已經融會貫通地知道利用「孫腫來了」去洽談商務，就這樣借到了宜蘭的民宿，我藉此帶著他們做職能訓練，這些都是不賺錢的事，要不是我不用為錢煩惱，我大可拿這些時間去吃喝玩樂，或是去賺更多錢，何必要陪這些小朋友手把手練兵？

我還有一個興趣，就是在網路上買東西。沒辦法，手術後的我現在出門很麻煩，每個小時都要跑廁所，所以在網路購物填補了我心裡的空缺。我如果今天心情很好，我

就上網大買一輪；如果今天工作不順利，心情不美麗，我也上網大肆採購，撫慰一下我的心情，所以我是高興也買、不高興也買，不管怎麼樣都想買，而且我買東西從來都沒有目的性，只是在推薦頁面上滑，滑著滑著看到喜歡的就買。曾經在網路上買過東西的人一定知道，網路上買東西很容易踩雷，經常買到「圖文不符」的商品吧？我當然也常常買錯。你說買錯就退貨？No No No，我認為買錯只能怪自己眼力不好經驗不足，而且為了幾十塊幾百塊的東西，我還要把東西重新包起來，跟商家聯絡，再等他們來收，然後再等那幾十塊幾百塊的退款，太麻煩太浪費時間了，重新買就好了啊！結果，我家現在有兩個客房的衣櫥，裡面堆滿了我網購回來的東西，有一些是要用但是還沒拆的；也有買錯不想退貨的；還有些還沒找到時機用。怎麼辦？那些東西我不適用不見得別人不要啊！所以只要有朋友來我家說他缺什麼、想找個什麼，如果我剛好有，我就馬上從房間裡拿出來送給朋友，你說，我是不是沒有浪費錢？買錯的東西還是有去處的。而且我告訴你們，就是這樣東買西買亂買，在我以為自己瘋了，買了六款不同的尿布之後，竟然讓我買到最適合我的一款尿布！我以前睡覺每個

小時都要醒來換尿布，搞得每天睡眠品質差又睡不好，現在有了這個尿布，我可以多睡好幾個小時，真是太棒了。你看，如果我沒錢，我怎麼可能這樣亂買而買到適合我的東西呢？所以說，亂買也是可以買出一片天的！你一定覺得我很荒謬，但我說的是實話，哈哈哈！

你們應該覺得我一直在說錢、拼命賺錢，很俗吧？以現在大家常用的說法，應該叫做童年的「PTSD（創傷後壓力症候群）」。不是有心理學家說，不幸的人，用一生治癒童年？我可能就是這樣，這一輩子都在努力賺錢，試圖彌補我童年的那個缺口，而我確實也做到了。所以我說，錢雖然不是萬能，但是沒錢萬萬不能，只是現在這個世界好像很仇富，好像有錢人都該被人討厭，但是，有錢不應該嗎？會賺錢的人就該被討厭被罵嗎？我就問，誰不想賺錢？如果你賺到錢了，你會討厭賺錢的感覺嗎？錢不應該是被人討厭的東西。不管你努力賺錢的動機是什麼，請永遠記得，如果有一天你有錢了，請善用你賺來的每一分錢。至於怎麼賺錢，記得我在這本書上說過的：「用頭腦賺錢、用苦力賺錢，可憐吶！」

光榮戰役

不被看好才有機會

✱

明知道已經這樣我還在幹麼

再這樣下去一定註死不再活

也是跟他拼　也是跟他拼

跟他拼　也是跟他拼

我跟他拼　也是跟他拼

～〈跟他拼〉

　　我是個從夾縫中求生存而長大的小孩，所以看人家臉色、如何應對的求生本能是我的專長，我特別喜歡做別人不看好的事，因為這樣才會被記住！

光榮戰役

你聽過去非洲賣鞋子的故事嗎？一位鞋商有天把他的兩個銷售人員叫來吩咐說：「給你們個任務，誰能完成，我將會給他豐厚的回報，你們誰去把鞋賣到非洲去？」甲說：「老闆你這不是難為人嗎，怎麼可能把鞋賣給非洲人呢？那裡的人跟本就不穿鞋的。」乙說：「老闆，我去！多好的機會、多大的市場啊，要讓非洲人民知道穿鞋的好處。」我就是那個乙，而且我還要賣他們便宜的二手鞋，因為他們窮，買不起新鞋，我會提供他們買得起的鞋！這就是我跟別人不一樣的地方。

在梁朝偉來台灣發片之前，同為香港TVB電視台出身、同樣是影歌雙棲的劉德華，已經有《忘情水》、《天意》等近百萬暢銷金曲專輯了；當時我在金點唱片，我眼中的梁朝偉貴為香港天王，雖然戲演得好，但如同大家知道的——他是個社恐人。他說，他出席任何活動最多只能揮揮手，根本無法跟粉絲互動，這對於粉絲來說，就是有股「遠在天邊」的距離感，所以他想來台灣發唱片，至少他有歌可以唱，就有時間跟粉絲互動。我想了想，覺得如果要做他，就要把他做在四大天王之上，於是我跑去梁朝偉下榻

的西華飯店找他，我說：「偉仔，你給我四天，我帶你全省跑一輪，四天之後劉德華就輸你了。」偉仔那時拿著啤酒問我：「真的嗎？」我跟他說：「當然是真的！」

我為什麼敢提這個想法？因為當時的香港四大天王各個聲勢如日中天，華仔更是連續蟬聯不知道幾屆的「台灣十大偶像」冠軍，大家都認為，想要打敗華仔是不可能的事，但我就想到，華仔在台灣只上電視，對粉絲來說根本是「遠在天邊」的偶像，我應該讓偉仔「近在眼前」！所以我決定帶著梁朝偉全省跑透透，讓粉絲可以看到還摸得到，這就是我的天份——夾縫中求生存！

聽完我的話，梁朝偉猶豫了一下，便答應給我四天。四天之內我們認真地跑了全台灣各縣市，而全省巡迴簽唱會的壓軸，是在「新公園（現名為228紀念公園）」的舞台舉行。以前誰的簽唱會敢辦在新公園？那個地方那麼大，不像西門町唱片行門口，腹地都小小的，人一下就看起來很多，我卻選了一個冷門的地點。那天是母親節前夕，還下著大雨，我讓梁朝偉送每位歌迷一朵康乃馨，哇噻！全場都瘋了，你看他多有親和力、多平易近人，人家怎麼會

不埋單？怎麼有辦法不喜歡他？當然，專輯真的就啪啪啪衝上所有排行榜的第一名，銷售量三萬、五萬張遞增，最後賣了快三十萬張吧！

後來我打造5566，是另一種夾縫中求生存。當時聰明有錢的小孩，都被送到國外去唸書，回來變成ABC藝人，像是L.A. Boyz、王力宏這種；剩下沒錢的、書念不好的留在台灣，我就把他們一個一個選出來，組成「5566」。剛好當時三立正在籌備偶像劇《薰衣草》，許孟哲跟他的朋友來試鏡，我一眼就看上了濃眉大眼、身材高大的許孟哲；接著，我想起王少偉，因為很久之前我就看過他拍的洗面乳廣告，很有魅力，於是我就去找他，王少偉當時正在當兵，我還特別跑去看他，我想要一個人的時候，我就會用盡全力去緊迫盯人。這兩個人加上三立培訓期間留下來的孫協志、「威聚唱片」時代的王仁甫，那麼小刀呢？我跟小刀的因緣一直很奇怪，江湖傳說小刀帶人來跟我Casting（試鏡），結果我看上他、選了他，所以小刀一直認為是我執意要他，但我明明覺得是他拜託我給他機會，這到目前還是個謎，哈哈哈！

5566成軍了，在一堆ABC歌手中，這幾個台灣土生土長的小孩，很不被看好，但是，我一點也不在乎，因為我告訴自己，別人越不看好，就越激發我要成功給大家看，就像我們孫家以前被山東幫的人瞧不起，我就做給他們看，我們孫家有人揚眉吐氣，讓你們跌破眼鏡、刮目相看。5566成軍那天，喬傑立在台泥大樓辦了一場莫名其妙的「成軍發表會」，真的是莫名其妙，因為什麼新歌也沒有、什麼作品也沒有，就是一個我培訓他們的成果發表會。也不知道當時大家在想什麼，兩百個位子座無虛席，所有製作人、電視台主管、唱片公司的人都來了，看著這幾個孩子在台上賣力演出平常培訓的成果，台下的來賓也都給予掌聲，看起來很成功，但至今我都還是覺得莫名其妙。

　　成軍發表會結束之後，5566回到公司非常開心，整個團很亢奮，但是我告訴他們：「如果接下來這幾天我們的手機都沒有響，那我們就要擔心了，表示今天這一場成軍發表會是失敗的，大家仍然覺得你們不行。」這是想當領袖的人要非常警醒的事情，當所有人都在嗨的時候，我們要特別冷靜，但是當大家都很低迷的時候，你一定要帶頭

嗨！還好，之後 5566 的機會就接踵而至，我們這場「莫名其妙」的成軍發表會沒有白做。

非常感謝當時有三立電視台的《完全娛樂》，讓 5566 磨練現場直播的功力，公司為他們量身製作偶像劇《MVP 情人》，我又想到一個方法——出原聲帶，卻讓我第一次跟三立的執行副總蘇麗媚發生極大的爭執。歌曲做出來交給三立之後，她對我開始奪命連環 Call，她說片頭曲〈無所謂〉不對，一定要改，但是我死都不改，我回她：「戲劇妳懂，我不插手，音樂我懂，妳為什麼要干預？在沒有發行前，都是我們自己想的，市場會告訴我們答案。」她聽完我的話，只說了句：「好吧！」現在想想，當時我真是大不敬，竟然對老闆這樣嗆聲，但也因為這樣，才有了〈無所謂〉和〈我難過〉這兩首至今依然膾炙人口的歌曲。為了完成整張原聲帶，我又想了一個秘訣，我打給唱片製作人，請他把垃圾桶中所有沒用的、未完成的歌給我，我從中挑出了我要的音樂，做成了《MVP 情人》電視原聲帶，這應該是當時台灣第一次出現搭配戲劇的原聲帶，所以機會真的是自己創造的。

但是，即使5566這麼成功了，他們的長相確實沒有「F4」帥，舞也沒有跳得比「Energy」好，還經常被笑「又土又台」，好像在那樣的市場環境下，怎麼會有人做這麼本土的男團？怎麼會成功呢？但是我相信，意念會使人成功。當時我成立5566的目的，就是一心一意要打敗羅志祥，也就是這個信念支持我，不管別人怎麼說他們土說他們台，我就是堅持做下去，別人怎麼不看好沒關係，因為機會就在那個夾縫裡，那個夾縫就是「負負得正」。

「負負得正」是我在滾石唱片時代學會的，你看趙傳是不是醜得不得了？所以公司讓他唱〈我很醜，可是我很溫柔〉；馬兆駿的外型也真的不怎樣，身材又胖，公司給他的歌就是〈我要的不多〉，這種負負得正的觀念，可以化危機為轉機，在夾縫中找到生機。

所以當大家都笑5566土的時候，我自己就發稿，說他們是「台灣烏骨土雞」，掀開一場跟F4的「土洋大戰」。你看土雞跟洋雞，洋雞好看不好吃，賣價便宜；土雞不好看，但是烏骨雞就是比較貴，好吃營養價值又高，沒道理不吃烏骨土雞。這場仗，不打到最後，大家怎麼知道誰輸誰贏？

光榮戰役

現在回頭看，我是不是贏了？所以不要因為人家不看好就不敢做，不被看好才有機會，因為那是一塊沒有人碰的淨土！能打出來才是本事！你說，這一操作，我打破了規則，錯的就變成對的，我們就成了第一名！

整合的力量

✻

天崩地裂我不在乎　風聲雨聲誰最大聲

愛恨情仇排山倒海　誓言放手一搏

就算最後遍體是傷　咬緊牙關也要去闖

偷天換日萬丈光芒　天地無敵唯我獨尊

～〈放手一搏〉

　　小時候，我們都聽過「一根筷子一折就斷，一把筷子折不斷」的寓言故事，其實就是現在大家常說的「一個人走得快，一群人走得久。」我始終相信，一個行業要能長長久久，一定要大家好，行業才會長久。所以，「把餅做大」是最重要的原則，怎麼樣才能把餅做大？當然就是大

家把資源都拿出來一起分享一起做，才能雨露均霑，人人有肉吃有湯喝。

我在滾石唱片的時候帶著歌手進校園，不但推動公司的唱片創下高銷售量，也開創了校園演唱會的風氣，而且秉持著「大家好，行業才會好」的信念，每一場演唱會我都開放兩個名額，給別家唱片公司的歌手，不過前提是宣傳人員得要把歌先寄給我聽，我認為會紅，才會點頭讓這些歌手來，而且來的歌手，唱片公司每場要提撥五千元製作費給我們。你不要以為這五千元有多了不起喔！我們經常是賠錢啊！像是張宇，光是每一場要幫他租一台鋼琴自彈自唱，就不止這個錢了，可是我覺得要這樣子做，才能展現他的實力，如果他最大的魅力和最強的實力沒有被看到，那他不是白來了嗎？我說過，我對於別人給我的每一塊錢都很珍惜，都要用在對的地方，我們真的不能辜負別人的錢。

結果，我這樣開放機會給別家的歌手，竟然有宣傳跑來跟我說：「孫總，我們家的藝人不會講話，我們可不可以單純唱歌就好。」我就會翻一個大白眼，不理他！你越

這樣要求，我就越故意要他講話，我是主持人，麥克風在我手上，我會用我的方式讓他講話。為什麼？當藝人，就要會宣傳自己的東西嘛！你是歌手，就應該自己懂得宣傳自己的專輯，有好的機會還不把握，白癡嗎？結果那些藝人還不是好好地被我訪問，把自己的歌和專輯說得頭頭是道，這時候我就會反問他的宣傳：「你不是說他不會講話嗎？」當時，真的有不少歌手就是跟著我們這樣跑校園跑出知名度的，像是張宇、林強和溫金龍，都是這樣紅起來的！

後來，因為當時唱片界有兩個協會，一個叫「ARCO」，一個叫「IFPI」。剛好輪值的理事長，是滾石唱片的總經理三毛（段鍾潭），他覺得應該要辦一個唱片大展，提振唱片業，我被授命辦理這個業務，因為命令，我辦了一場史無前例的唱片大展！當時為了集結大大小小的唱片公司一起共襄盛舉，參與這個跨品牌的盛事，我廣發通告給所有的唱片公司，結果，一些相對小型的公司宣傳打電話給我說：「孫經理，我們想參加，可是我們公司沒有大牌誒。」聽到這話我真的只能苦笑，你們來了，跟我家的歌手排在

一起，一起拍照，你們就是大牌。如果你不把自己的歌手當大牌，他永遠不會是大牌，經營藝人一定要理直氣壯，一定要愛你的藝人，一定要把他們當大牌來看，如果連你自己都看不起、不愛他們，誰還會愛他們呢？

這次唱片大展叫做「六零・八零」，就是從民國六十年到民國八十年的音樂大展，辦得有聲有色、風風火火、熱鬧非凡，除了有各家唱片公司歌手的專輯作品展出，各家唱片公司更是精銳盡出，每個攤位都裝置得美輪美奐，而且我還發明了整點演唱會，從早上十點開始，每個整點都有一場演唱會，連唱五天，最後一場更是欲罷不能！因為最後一天晚上八點那一場是閉幕典禮，每家唱片歌手都來參加，當然吸引許多消費者，但因為我堅持參觀品質，控制人流，所以歌迷只能排隊參與，讓原本只能容納三千人的松山世貿大爆滿，場外大排長龍，造成松山機場周邊大堵塞，也因而上了社會新聞，對，是社會版，不是影劇版，這也算是創舉吧？這次的創舉，果然掀起了一波高潮，也促進了大家對於流行音樂的認識跟喜愛，當然，各家唱片的銷售量也都因此提升，算是一次很成功的跨品牌大整合！

一連五天的唱片大展，唯一沒有參與的單位，是「滾石唱片」當時的死對頭「飛碟唱片」。由於第一天的活動太成功，當晚我就接到「飛碟唱片」董事長吳楚楚的電話：「孫經理，我是吳楚楚，唱片大展的整點演出，一定要讓我飛碟歌手加入。」

我：「不好意思，當時貴公司拒絕我們，所以我們已經排好了所有演出，沒有時段了。」我心想，你們飛碟就覺得自己很屌啊！一開始邀請你們，不來，現在想來？抱歉，沒！有！時！段！

吳楚楚說：「我現在是以飛碟唱片董事長的身份跟你談。」

我大孫豈是被嚇大的：「對不起，我領滾石三毛的薪水，不是飛碟。」

吳楚楚不死心：「我現在以IFPI（國際唱片業協會）理事長的身份跟你談。」

我才不理他，我叫他自己去跟我老闆談，我就是這種個性，剛開始我好好地跟你們談，你們很高貴不要，不能

光榮戰役

看到人家成功了，你才要貼上來，人生何必如此？結果我這個唱片大展門票一張票五十元，人潮還是絡繹不絕，直到最後一天閉幕典禮，每一家公司的大牌蜂擁而至，包括飛碟唱片的歌手不請自來還全員到齊，比金曲獎都還轟動，所以我的整合能力有夠強吧？！

整合的力量有多大？我再讓你們看看另一個成功案例吧！

在我被「金點唱片」掃地出門之後，我只能被迫成立「威聚國際」，這家公司，是從一張羅志祥十六歲的照片開始的，我打造的第一組藝人，就是由羅志祥、歐漢聲、陳顯政和陳中威組成的「四大天王」，模仿郭富城的羅志祥能跳、模仿張學友的歐漢聲能唱、陳顯政的鷹鉤鼻長相最像劉德華，而陳中威是裡面最溫和的，就讓他模仿黎明吧！為什麼要做這個團體？當時香港「四大天王」紅遍全亞洲，我成立威聚之後，我的策略就是用四個像他們的小孩子，跟他們比誰氣長，我不相信他們不會老、我不會成功；而且，我們的團名故意叫「四大天王」，就是要讓別人能記得住。

當時所有媒體聽到，都覺得我是來亂的，但我是非常認真地在做亂這個市場，因為我就是要讓本土的小孩被看見！但是，四個長得像、唱歌像、模仿得又到位的男孩子，要怎麼樣才能被注意到？我把腦筋動到中視的《歡樂傳真》節目上，那是一個每週六中午播出、由陳美鳳主持的綜藝節目，我花錢買了三十分鐘的時段，盛大舉辦「四大天王模仿賽」，而且我和台灣十二家經紀公司合作，北中南海選，希望各公司有潛力的新人都可以來參賽。我這個人就是逆向思考，任何比賽、表演都是從模仿開始的，那個時候四大天王最紅，我辦比賽當然要模仿他們。而且我是認真在辦這個模仿大賽喔！因為在「四大天王模仿賽」錄製期間，我幫每一位參賽者都配了四個舞者，這樣做，才叫做天王的比賽啊！做什麼就要像什麼，要做就做整套的，天王出場就要有人襯托，才能是天王啊！

結果，這一波模仿大賽引發了轟動，畢竟「香港四大天王」分屬不同公司，又大牌得要命，要看他們合體根本難上加難，但是我們每個週末在《歡樂傳真》都有「台灣四大天王」可以看，收視率當然節節上升，打敗同時段原

光榮戰役

本冠軍的華視卡通影片，在當時算是奇兵逆襲成功的一大奇蹟。不但「四大天王」紅了，《歡樂傳真》也賺到收視率，節目好、電視台廣告就好，你說，整合的力量是不是很大？

後來，我還讓四大天王跟三陽機車合作，那時候三陽機車要出一款機車叫「恰恰50」，我就用諧音做了一首歌叫〈Cha Cha 舞池〉，旋律輕快、副歌洗腦。其實第一版做出來的音樂我覺得不對、太慢了，後來重修了一版，才是你們在廣告中聽到的「給個擁抱 Cha Cha，舞到高潮 Cha Cha，整個世界跟著我跳……」（想起這首歌怎麼唱了嗎？想不起來沒關係，下次遇到我，我唱給你聽！）我讓我的藝人為他們所用，還為他們訂製一首朗朗上口的歌，而他們藉由我們的人氣加上廣告力度，在市場上大鳴大放，當時光陽機車這款「恰恰50」的機車廣告下很大，到處都可以聽到〈Cha Cha 舞池〉，「四大天王」就這樣一砲而紅。

整合的力量真的很重要，重點就是把我的優勢和你的強項結合資源在一起，這樣相加的力量絕對可以分進合擊、一起打仗。如同我一開始說的，這個行業一定要大家好，行業才會好，所以團結合作、整合資源才能創造奇蹟！

製造對抗才能得到第一名

※

勇氣下得夠不夠重　決心殺個片甲不留

是敵人還是朋友　風雲變色

陰陽兩極就要融合　天地鬼神都在看我

站在紫禁的最頂尖　找一個出口

~〈風雲變色〉

很多人每天都在喊「我要出人頭地，要當第一名！」但這不是口號，是有方法做到的！

我說過，第一名才是那個唯一被人注意的指標，不是第一名，沒有人會記得你，但你會說，我現在就不是第一

名,怎麼辦?很簡單,我告訴你,就是去硬咬著第一名、驚動第一名,擾亂市場的注意力,套句現在的說法就是「蹭流量」!但重點是,蹭完流量能不能把流量引導到自己身上?否則只是白蹭而已,而我就有把握,我的實力足以在蹭完流量、把市場聲量做大之後,造就另一個第一名!

我在金點唱片一手打造,從零開始到暴紅的偶像歌手孫耀威,就是衝著當時最紅的偶像林志穎來的。

當時我剛從滾石唱片被挖角到金點唱片,那年我才三十三歲,就成了台灣最年輕的唱片公司總經理。那時金點唱片的創業作,是如今的坎城、金馬影帝梁朝偉的《一天一點愛戀》專輯,也引進非常多港星,像是莫少聰、李克勤等人來台灣發片,所以我經常要飛香港,和這些藝人的經紀公司談合作,那時候我得全身穿著名牌跑,為什麼?因為我不代表財富,他們根本不會理我,這是跟香港人交涉的秘訣,全身盛裝他才會相信你,這是你的排場,代表你有財力,否則他怎麼可能把他的藝人簽給身無分文的人?所以我在金點那些年,就已經擁有過那些名牌和奢侈品了。

以前港星來台灣發片,一定要先在香港很紅,台灣的

唱片公司才願意投資。孫耀威是唯一一個還是個學生、沒有任何作品的新人，結果也被我捧紅了，你說是不是個奇蹟？孫耀威是當時我跟ICRT合作「熱門音樂大賽」時發現的，他是香港代表隊的主唱，雖然香港隊沒有入圍，但我看到孫耀威這個小孩，覺得他一定會紅，就飛到香港跟他媽媽談。

記得我第一次拿孫耀威的照片給老闆金瑞瑤看，金瑞瑤說：「這怎麼會紅？烏漆抹黑的。」我回她：「一看就會紅的，絕對落不到你手上，我們就是要點石成金。」而且，據我了解，孫耀威除了長得好看，學歷也好，腦袋也不笨，還會踢足球、有游泳執照……這麼多優勢，哪裡比不上林志穎？沒錯，我做孫耀威的目的，是拿他來打林志穎。為什麼？因為有一回林志穎上節目，主持人問他：「國文老師是誰」？他竟然回答「忘了」，我當下真的覺得他怎麼這麼笨！不會隨便講一個人名就好了嗎？觀眾也不知道真假吧？所以，我把孫耀威做紅的關鍵，就是追著林志穎打，放大林志穎的缺點、凸顯孫耀威的優點。林志穎長得好看但是不會唸書，孫耀威品學兼優才貌雙全，哪裡比

不上他？當時在女校還有一個現象，喜歡孫耀威的，都大方地把專輯拿出來，喜歡林志穎的，都默默地把專輯收到抽屜裡。後來事實證明，孫耀威就是紅了，當時也把林志穎比下去了！

接著我成立威聚唱片，創業作男子團體「四大天王」，也是同樣的道理。那個年代香港四大天王張學友、劉德華、郭富城和黎明最紅，而且他們在香港經常有活動，動不動就合體，可是在台灣就很難合體，我覺得對粉絲很不公平。於是，我的策略就是用四個像他們的小孩子，跟他們鬥，而且，我們的團名就叫「四大天王」，因為我不相信四大天王不會老，台語俗話說：「你會老，我會大！」我是故意取的團名，就是要讓別人能記得住。

其實我原本在金點唱片時很看好港星鄭嘉穎，想把他簽到我的新公司，結果沒談成，為什麼？因為我去接機的車太爛了，誰要簽給我啊！我不是說過去香港跟港星談，都要全身名牌嗎？身上沒有點東西人家為什麼要簽給你？那時候我開著自己的爛車去接鄭嘉穎，開到一半車還拋錨，冷氣又壞掉，白痴才會簽給我啊！我那輛破車雖然舊，但

從來沒出過這些狀況，這應該就是上天的提示吧！我認為上天冥冥中在告訴我「你已經做太多港星了，也要給台灣小孩機會！」所以我發誓未來只做本土藝人，我要把台灣藝人做紅，發揚光大！而且我感覺，港星雖然在台灣發展得很好，但台灣發生事情的時候，港星都不來幫忙，都是我們本土的明星在處理。

我當時和綜藝節目《歡樂傳真》合作「四大天王模仿大賽」，就是要給未成年的本土小孩一張演藝圈入場券。也算是老天爺給我的運氣，我原本覺得能找到兩個就不錯了，沒想到可以找到四個都像的人，為了把他們捧紅，我除了跟三陽的「恰恰50」機車合作主題曲〈Cha Cha 舞池〉，讓他們的歌聲隨著廣告歌在大街小巷傳唱之外，第二張專輯《嘿耶噢啊嘉年華》在農曆年前推出，我砸下重金，從除夕到大年初五，在各家電視台每個時段下廣告，怎麼轉台都還是聽到「嘿耶噢啊～」，老實說我自己都聽到膩，但他們就是紅啊！走到哪裡都在唱這首歌。

那時候「四大天王」在威聚兩年時間，發了四張專輯和一張精選，平均每半年推出一張作品，你就知道他們有

多紅。你說他們叫「四大天王」會不會惹到香港「四大天王」，讓他們或者粉絲不爽？首先，這四個小孩是真心喜歡香港的四位天王，歐漢聲看到張學友的時候哭出來，兩人同台時他哭到沒有辦法唱歌；羅志祥見到郭富城也是喜極而泣啊！雖然製造對抗但還是存在敬意。而以我的個性，能讓媒體記者寫「台灣」四大天王來區別「香港」四大天王，我就已經贏了，只要不寫「冒牌」四大天王就好了。

不製造對抗，就得不到第一名，這就是我的精神。戰場上就是這樣，你是第一名，被我咬贏了你活該啊，但我咬輸你，最差我還有第二名。後來「喬傑立」的5566也是用這個策略，你以為5566不咬著F4的話，他們會有聲量嗎？

其實，原本5566是要用來打羅志祥的，那時我跟羅志祥不是產生嫌隙嗎？我就想我一定要打趴他！羅志祥和歐漢聲在三立都會台主持《完全娛樂》，我就默默地成立5566，就算羅志祥再厲害，我五個打他們兩個，應該打得過吧！那時「喬傑立」是三立電視集團旗下的經紀公司，擁有強勢的媒體資源可以整合運用，我利用三立所有的資

源，包括從《MVP情人》開始成為偶像劇主角、為他們量身定做片頭片尾曲〈無所謂〉和〈我難過〉，加上主持台視的《少年兵團》，還擠下羅志祥與歐漢聲，拿下《完全娛樂》主持棒，我無所不用其極地推動5566，結果就是從週一到週日，天天看得到5566。

那時剛好5566和F4同時期發片，F4挾著偶像劇《流星花園》的魅力風靡全亞洲，宣傳部同事帶著5566外出宣傳，我留守在辦公室，當我翻開聯合晚報，看到唱片銷售榜上5566打敗F4，我們贏了！下一秒我就自己跑去拷貝5566相關演出和活動畫面的帶子，做成新聞帶，然後打電話叫計程車將帶子送到各電視台，我自己發稿，先打電話給各家媒體，告訴他們：「我現在用計程車快遞，你幾點幾分可以下樓拿。」我心想，這是一次難得的機會，我們既然衝出來，就要讓所有人知道，讓大家知道這是一件大事。沒多久看到不只三立的跑馬燈出現，還有東森、年代……辦公室裡那麼多台電視，都在播送5566銷售打敗F4的訊息，那種興奮你懂嗎？其實我心裡知道，F4只是倒霉，羅志祥才是主要敵人，但我總要抓一個打才有新聞嘛！

光榮戰役

　　在這個行業，你要成功，一定要咬著第一名，這樣最差你還有第二名，你一定要破壞原來的規則，才能創造新的第一名。記住，雖然規則是前人定的，但我為什麼不能自己定規則？你咬我啊！

先有底氣　再談條件

※

命中已注定　是我看不清

你愛我的把戲　就像狂風暴雨

命中已注定　是我太任性

你的花言巧語　把我推入陷阱

我怎麼有力氣　掙開你　愛上你

~〈迷魂計〉

現在常聽到年輕人出來找工作，抱怨薪水太低，說自己唸了這麼多書，大學畢業才 28K，什麼 35K 也養不活自己……我聽了真的都會翻白眼。你以為一張文憑能幹嘛？

那只是證明你會考試,更何況現在大學這麼好考,文憑有什麼用?重點是你到底會什麼?你是不是一個值得老闆付這麼多薪水的人才?講白了,就是你有沒有被利用的價值,如果你沒有被利用的價值,只是一介平凡人,那就從22K開始領吧!

從小我就到處想辦法賺錢,但我的原則都是先幫老闆賺錢,等老闆賺到錢,我就會看老闆有沒有良心、會不會主動幫我加薪;如果老闆沒有感覺,也沒有任何想要獎勵我的表示,表示這個老闆自私又是瞎子,我就拍拍屁股走人,此處不留爺,自有留爺處。後來就算他回頭拜託我,也來不及了,因為我有底氣!所以我成立經紀公司、培養藝人,也是這樣的原則。

在三立體系下成立「喬傑立」之後,我配合執行副總蘇麗媚打造三立都會台的偶像劇。蘇麗媚掌舵三立都會台後,第一檔自製華劇是《薰衣草》,她說劇裡面雖然幾乎沒有喬傑立的演員(只有剛出道的陳喬恩演個小配角),但她還是要我做片頭尾曲。所以《薰衣草》的片頭曲〈花香〉和片尾曲〈幸福的瞬間〉,是我無條件提供的,而且

經歷過偶像劇時期的人都知道，當時這兩首歌大賣，但好笑的是，最後我連一張 CD 都沒有拿到。但是沒關係，至少我幫到忙了，畢竟那時候喬傑立只是三立底下的一個新經紀公司，我的藝人實力也還沒被看到，我就貢獻我能做的，先讓大家看到我的能力。接著第二檔戲籌備前，我把訓練有成的 5566 帶給蘇麗媚副總看，她因此決定做《MVP 情人》。

有了《薰衣草》的成功，《MVP 情人》的片頭、片尾曲，一樣由我們喬傑立包辦，就是後來大家聽到的片頭曲〈無所謂〉和片尾曲〈我難過〉，兩首歌都由 5566 主唱。我說過我很會整合，所以我在每部偶像劇上檔的兩個禮拜前，就會利用唱片公司的宣傳費打第一支 MV，這一支 MV 的畫面，幾乎都是偶像劇的片花，大家看 MV 的同時，也看到了偶像劇的畫面，等於是藉由歌曲預告新片。你們也知道，偶像劇畫面就是男帥女美好浪漫，誰看了都會好奇和嚮往；接著電視台的偶像劇預告再推出，大家已經聽熟了我的歌，搭配上偶像劇預告的強打，我們的偶像劇能不紅嗎？所以每一次我們的偶像劇只要一上片，往往都有 4

點多、5點多的收視率，那是非常高的收視率，現在連八點檔都沒有這個數字。

這是我打造5566的一步，我們在唱片、戲劇成績接連告捷，5566作為全方位藝人，當然也要在綜藝上面拿到成績單，於是我開始佈局他們的綜藝節目。其實在《少年特攻隊》之前，我已經開始鋪路，在《少年特攻隊》之前有另一個節目，是沈玉琳製作的《少年兵團》，本來的主持人是羅志祥、歐漢聲、賈靜雯和何妤玟，當時這個節目聲勢如日中天，不但打敗民視週日版的《飛龍在天》，也打贏張小燕和庾澄慶主持的《超級星期天》和吳宗憲主持的《週日八點黨》，但後來因為歐漢聲當兵、賈靜雯去民視拍戲，我就趁機把孫協志放進去補位，接著因為羅志祥離開，我再把剛退伍的王仁甫放進去，即使換了主持人，收視率依舊長紅，孫協志和王仁甫儼然是當代「清新、年輕、活力」的主持人代表，也是當時炙手可熱的主持人選。

後來台視製作了《少年特攻隊》這個節目，不選他們兩個有收視率保證的當主持人要選誰？一開始《少年特攻隊》的主持人只有孫協志和王仁甫，後來隨著偶像劇越來

越紅，我找機會讓 5566 輪流進駐代班，效果一樣好，最後順勢讓 5566 全面進駐，現在你會聽到「56 不能亡」，就應該要想像當時 5566 有多紅。那時候《少年特攻隊》一推出，收視率勢不可擋，每一集收視率都是第一名，還打敗張菲的節目，你要知道張菲這位綜藝大哥大，只要他出手，從來沒輸過，結果竟然輸給我四個小蘿蔔頭，而且他們四個人加起來的酬勞還不到他一集的主持費，是不是很划算？

在這之後，5566 又擠下羅志祥和歐漢聲，拿到《完全娛樂》的主持棒；再之後，羅志祥跟陶晶瑩在中視合開了新節目，就是詹仁雄製作的《電視大國民》，收視率還是敗在 5566 手上，當時 5566 最可怕的就是，禮拜一到禮拜天都有節目，而且每個節目都是第一名。不過做節目，要連續三集打贏才叫贏，贏了三集之後，我就叫製作單位買桃子買豬腳，讓媒體拍攝 5566「啃桃吃豬腳」的畫面，這是我打贏勝仗之後的樂趣，哈哈哈！

確定了我們是收視率冠軍的事實，我做的第一件事，就是跟製作單位要求漲價。所以，演藝圈的人都說孫德榮很難搞，但是你想想看，孫協志、王仁甫、王少偉和許孟

光榮戰役

哲這四個二十多歲的小蘿蔔頭,每個人一集酬勞從兩萬元起跳,最高也才六萬,跟張菲一集五、六十萬能比嗎?而且我的收視率這麼好,不該漲價嗎?這是我作為經紀人必須挺身而出的事情。你說,是我難搞嗎?

節目剛開始要打天下,要把錢花在製作面上,我可以理解,所以我願意讓我的藝人陪大家一起打拼,我們拿出誠意跟努力在節目上求表現,希望能替「老闆」(也就是製作人)賺錢。現在我的藝人把成績做出來了,收視率高了,老闆們也賺到錢了,我自然有底氣去要求,因為我不去幫藝人漲價,製作單位絕對不會自己漲,他們賺再多,一毛錢也不會漲給你。

告訴你們一個訣竅,我跟製作公司從來不簽合約,我不簽才有漲價空間,因為簽了約,條款無非那幾個——電視台要停播,你不能有意見;主持這段期間,主持費不能漲;天災人禍不能怎麼樣……,一堆有的沒有的條款,我覺得簽這種約沒有意義,都是限制,對藝人一點幫助都沒有,所以我堅持不簽,要簽你製作單位自己去跟電視台簽,我才不會跟你簽。也因為沒有合約,就不用受合約束縛,如

果我們做出成績卻沒有得到合理的待遇，我就有不進棚的理由，我就可以提出要求。沒錯，因為這樣，所以全世界都說我很難搞，但我很清楚，我必須難搞，才能幫自己的藝人爭取到最好的福利。重點是，能讓我難搞的前提，是我的藝人必須很紅——唱片銷售、節目收視我們都做到第一名啊！這個就是我講的，先要有底氣，再來談條件，先把藝人做紅，你去接任何工作才值錢；如果你從零去做，叫人求事，別人開口你只能配合；我喜歡事求人，都是人家來求我，條件我來開。

　　講到這裡，又必須回到影響我深厚的童軍名言「準備」，所以為什麼我都把他們先訓練好再發片，當他們都準備到最好，人家用了一次覺得好用之後，就會一直來求我，那條件不就是我開了嗎？這是我在這一行可以驕傲的地方，我都把東西做好才出手，先做個有底氣的人，有了底氣、有了成績，就可以大膽地開條件，我知道我要適時地替藝人爭取福利，他們要賺錢，我才能有錢賺，不是我難搞！

把死的做成活的才是真本事

※

別拿支鮮豔紅口劃掉我的存在
一杯香醇紅酒餵出他們的野心
你千萬不要懷疑不要生氣我來救你
聚集我所有能量所有好運衝破困境
狂歡的慶功派對正在等著我和你
～〈狂愛戰隊〉

很多人很會說話，把死的說成活的，我認為那只是會吹牛。在我看來，把死的做成活的，才是真本事！

從我把5566做到一砲而紅之後，手氣越來越順，做誰

紅誰。原本喬傑立是和「艾迴」（Avex，現改名為「愛貝克思」）合作發行唱片，後來「艾迴」乾脆把成績不如預期的藝人，轉交給喬傑立代管。於是，艾迴唱片的「不紅集中營」就在喬傑立展開，我們代管成功第一個有名的例子就是王心凌！

艾迴唱片幫王心凌發行的第一張專輯失敗了，那首〈灰姑娘的眼淚〉沒紅，艾迴就把心凌交給我。那是個偶像劇最紅的年代，前有大S、林依晨，後有張韶涵、S.H.E和楊丞琳，而且每個都能演能唱，看起來是一片紅海。在這時候，艾迴把他們做失敗的心凌交到我手上，我要怎麼做？我看著心凌，她的歌唱實力堅強、聲音甜美，顏值好又有鄰家女孩的親切感；再看看我手上有三立的資源，有偶像劇、有片頭尾曲、有《完全娛樂》、有新聞台可以運用，我本來就是一個擅長整合、懂得借力使力的人，所以我讓5566傾全力幫忙推心凌，這也是喬傑立的傳統，師兄師姐就是要幫忙帶動師弟師妹，整合團結才能發揮最大的力量。所以當5566拍《西街少年》時，就讓心凌當女主角，孫協志跟她合唱片尾曲〈存在〉，王少偉跟她合唱〈愛你〉，

光榮戰役

許孟哲跟她合拍MV，就是這樣百分之百全力去幫她，心凌的第二張專輯《愛你》果然就起來了。

接下來是K ONE，他們原本是因為腰傷退出5566的小刀的旗下藝人。其實K ONE曾經以六人團體出道，叫做「六壯士」，但是他們原本的經紀公司因故結束，小刀就接手他們的經紀約，並且把他們的唱片交給艾迴發行，但是艾迴做不起來，就把K ONE的經紀約轉給手氣正旺的喬傑立，要我幫忙經營。K ONE是個以跳舞見長的團體，舞跳得比5566好，顏值也比5566高，年紀又輕。你以為有這些條件就會紅？那你就太天真了！要知道當時市場上除了5566，還有183 Club、F4、Energy、飛輪海和棒棒堂……，這些男團人數加起來有三十人左右，市場要消化這麼多男團，就已經很難了，更何況K ONE還是個曾經發過一張專輯但沒有紅起來的團體。

做過唱片的人都知道，如果一個歌手第一張唱片沒打起來，後面就會很吃力，因為第一張等於是市場認識這個歌手的基礎，很多歌手第一張專輯歌沒紅人也沒紅，專輯乏人問津，走在路上都沒人認識，連唱片行都不播你的歌，

弄到歌手自己也沒信心，唱片公司可能因此賠錢甚至倒閉，結果這個歌手就沒辦法往下發展，然後就成了我們常說的「一片歌手」。K ONE算是命比較不好的團體，先是原來的公司突然結束，接著新公司幫他們發了一張專輯也沒紅，看起來就要成為所謂的「一片歌手」了，所以艾迴才會把他們交給我，希望我能幫助他們起死回生。

還好我那時候手上有最紅的5566和三立的資源，我們為K ONE量身打造了以舞蹈為主的偶像劇《紫禁之巔》，再讓5566帶著K ONE唱主題曲〈風雲變色〉，而且那時候小刀已經把K ONE訓練成有韓團舞蹈的統一性，我認為只有他們可以跟Energy抗衡，所以我就主打K ONE的長處，才把K ONE一步步成功打造出來。

之後小刀與香港的富豪李澤楷合作「大國翼星」公司，我就跟他說，李澤楷既然是這家公司背後的最大老闆，他一定不樂見自己旗下的藝人包括K ONE和許慧欣，都在別人的公司託管運作，我相信小刀的壓力一定很大，因為我不認為李澤楷會希望投資一家沒有自己藝人的公司，所以K ONE《勇敢去愛》那張專輯做好之後，我把整張專輯

無條件送給小刀，讓他把 K ONE 帶回去自己宣傳。雖然我常和小刀鬥嘴開玩笑，說他沒有韻律感，所以他受傷離開5566 的時候，我就跟另外四個人講，你們練舞終於可以不用被拖累進度了，但是他令我敬佩的是，他可以跟李澤楷這樣大的商人合作。

這只是「不紅集中營」的其中兩個案例，還有其他送進喬傑立來急救的藝人，我一個一個都幫他們找到出路，有的會要求直接跳槽到我這邊，換個經紀人，但是基於江湖道義，我拒絕了；也有些藝人被我做紅了，原始經紀人馬上就把人帶回去，頭也不回，我也是算了，人之常情吧！他們應該也很怕藝人變心跳槽到我們家。只是當時讓我比較挫折的是，我向來認為合作幫人就是全心全意無條件，如果要談條件就是做生意，對於這些送進來的藝人，我如此單純地想幫忙，卻沒想到有些合作夥伴竟然斤斤計較，後來甚至來跟我談他們認為在我代管期間應該獲得的東西，我就想，如果要這樣算，那我幫忙的部分是不是也來算清楚呢？人生何必過得這麼辛苦。你去市場買菜，多跟人要跟蔥就會變得有錢嗎？我真的不懂！

這一切，都是我從夾縫中求生存的本事，我為了進入這一行，開始當義工，我只想要學而不要錢，只要想做，就免費幫人做所有別人不願意做的事，所以從這裡我打開了進入這一行的大門。進到這一行之後，我從滾石唱片率先帶歌手走進校園辦校園演唱會，那也是別人不看好、認為沒有商機的做法，但我卻因此替公司創造更大的商機，唱片賣得強強滾；在港星和ABC藝人環伺之下，我用台灣土雞創造了5566，至今還有人喊出「56不能亡」這個口號的奇蹟；在原經紀人對K ONE束手無策時，我用我的方法和角度切入市場，把K ONE打造成新的偶像團體；在艾迴認為王心凌是失敗作的時候，我在一堆偶像劇女主角之中，把心凌打造成「甜心教主」，讓她紅透半邊天，這兩年還能回到市場創造王心凌旋風，勾起一堆「王心凌男孩」的回憶殺！這些都是在別人不看好的情況下，我從夾縫中找到的生存方式，既然有「夾縫」，表示那個「夾縫」就是「機會」，而且是別人看不到的機會。

記得，當別人都覺得這是匹死馬的時候，千萬不要跟別人一樣起哄，一起看衰這匹死馬，如果你能換個角度看，

找到這匹馬的一線生機，做這匹馬的伯樂，能把死馬當活馬醫，當死馬活過來的時候，你就是真正的神醫。喬傑立的「不紅集中營」就是以這個信念，讓一個個藝人翻紅的，你說，我有不驕傲的理由嗎？

當機立「斷」

*

我難過的是 放棄你 放棄愛

放棄的夢被打碎 忍住悲哀

我以為 是成全 你卻說你更不愉快

我難過的是 忘了你 忘了愛

盡全力忘記我們 真心相愛

也忘了告訴你 失去的不能重來

～〈我難過〉

　　我不是沒有失敗過，只是我不會浪費時間在失敗的事情上，當我發現要出問題的時候，我就會當機立斷、直接切斷。

光榮戰役

熟悉「喬傑立」的人都知道，當年除了5566之外，最紅的就是「183 CLUB」，因為那時候台灣正在流行Man Power，顏行書、王紹偉、明道、黃玉榮和祝釩剛的平均身高183公分，就像漫畫中走出來的白馬王子，穿著白色西裝，定位就是王子團，圖騰是英國皇室的家徽，我叫他們183 CLUB，就是想打造高級版的Man Power。所以，他們的MV不是在下雨的場景裡頭，就是要穿著白襯衫要從游泳池中爬起來，一定要濕，但是不露，只能若隱若現，吊足觀眾的胃口，想看但是看不到，越看不到就越想看，引人遐想才是高級的性感。因為這樣的熟男帥哥，公司還為他們打造了一部偶像劇《愛情魔髮師》，果然一推出之後，183 CLUB跟戲劇都在內地大紅，紅到我在廣州被人綁架。

因為183CLUB到內地宣傳，所到之處萬人空巷，到處都搶著要他們，所以我們在中國大陸每個地區都找了代理公司。當時負責內地宣傳及業務拓展的同事誤上賊船，找到了一個合作對象竟是黑道公司，當同事發現苗頭不對，就拜託我幫他去和這家黑道公司談，於是對方就把我帶到廣州解放軍的飯店談判，我就被「綁架」去「聊聊」。

一到了飯店，大家就開始東拉西扯，聊些五四三的，高來高去了三小時，最後對方攤牌，他們要我把 183 CLUB 華南地區的經營權給他們。面對著一屋子的黑道，我怎麼可能不怕？但我深信「越大咖的角頭越講道義」，所以我告訴他們：「大哥，如果你們這次幫我把 183 CLUB 的宣傳做得非常好，我相信你不用找我，未來我都希望你可以幫我代理，但如果以你們現在做成這樣子的狀況，你硬要我把代理權簽給你，換作你是我的話，你會答應嗎？」聽完我的話，對方果然說：「行！我交你這個朋友！」於是我安全地被放回飯店。其實當時的手機還是 Nokia，我在出門前已用手機寫好訊息，但沒有發出去，同時安排人一路跟著帶我去飯店的車，等在飯店樓下，要要談判有任何不對，我便馬上用手機發出訊息，就會有人衝上來救我，幸好當時沒有用上，我最後還是平安回來了。

　　九死一生後，我回到下榻酒店的房間，看見剛吃完宵夜的顏行書正在剔牙，狀況外的他還熱情地對我打招呼，我其實內心幹得要死，上一秒我還冒著生命危險在為你們幾個努力，你不知道發生什麼事就算了，還在這邊給我吃宵夜剔牙！

115

因為那時候183 CLUB真的很受歡迎，一個剛成立的男團人氣瞬間起飛，團員們卻開始質疑：「為什麼為工作付出的時間和體力，沒有和收入成正比？」、「為什麼我們這麼紅，卻沒有賺到什麼錢？」但他們不知道的是，打造團體的成本跟風險，比單打獨鬥的歌手高很多。我做梁朝偉時，他自己從香港帶著三大箱衣服來給企宣挑，多輕鬆啊！但是做團體完全不同，因為團體講求的是一致性，打造一個整體的視覺，所以我們一張專輯有三套打歌服，一團五個人就要準備十五套，連鞋子、襪子也要買給他們喔！你想想，這樣的成本是不是比一個歌手高很多？但是他們的演出費，不會因為人多而比較高，演出費通常取決於這個藝人或是這個團體夠不夠紅。如果夠紅，人家會捧著三、五百萬來找你，請你去演出，不管你是五月天還是蔡依林，同樣是三、五百萬，但分母可是不一樣啊！有幾個人就要把這些錢分成幾人份，團體的演出費扣掉成本再分給這麼多人，每個人拿到的當然就少了啊！

更何況183 CLUB才剛開始走紅，正在起飛期，還不到賺大錢的時候。而且我們去海外演出宣傳，整體交通住

宿的成本很高，除了五位藝人加上一兩位經紀人搭商務艙，還有一拖拉庫的隨行妝髮工作人員搭經濟艙，所以我們經常是只要對方願意支付所有差旅費用，我們就願意去了，但這種宣傳行程其實沒什麼收入，就造成他們就認為收入跟付出不成比例的疑問，開始質疑我們的財務有問題。

　　有趣的是，他們一邊質疑我，一邊又總是在鏡頭前告訴觀眾：「任何問題我們都不會解散。」、「我們的心永遠在一起。」這種話我聽在耳裡，會覺得他們是在跟我示威。為什麼？因為他們明明一直在質疑我沒讓他們賺到錢，為什麼又要在每個節目，要在我面前不斷地「強調」這句話？我認為他們認為自己夠紅了，所以他們在告訴觀眾永遠不會分開的目的，就是企圖挾粉絲的力量來跟我談條件，在對老闆情勒，他們認為自己可以為公司帶來龐大的利潤，所以我應該就要低頭跟他們談條件。但你要知道，身為一個老闆，今天我跟你這團談好條件，但公司內還有其他那麼多團，我該怎麼做？是不是每個人都可以來威脅我、跟我談條件要我妥協？這樣下去，我還要不要管理公司？我心裡的警鐘大響，你們踩到我的紅線了，所以我心一橫，

既然你們說不會分開是吧？我不相信我解散不了你們。

第二天，我馬上召開喬傑立記者會，孫協志站在第一排，其他師弟妹站後排，獨獨沒有183 CLUB，因為我根本沒有通知他們，也沒讓他們知道今天要開什麼記者會。記者會上我當眾宣布：「從今天開始，183 CLUB正式解散！」現場媒體記者聽了都不敢置信，沒錯，所有經紀公司和唱片公司，都不會在一個團體最紅的時候解散他們，但是我覺得他們已經在跟我情緒勒索，我不容許任何人破壞公司的生態平衡。

大家都覺得現在韓團很厲害，所以都想著要做團體，但是你們都不知道，團體最難做。因為人多嘴雜，而且都是正值青春年華的孩子，來自四面八方不同的家庭背景，接受不同的教養方式而長大，各種不同的價值觀混在一起，好的話，會撞出火花，弄不好，就會出現雜音起內鬨。更慘的是我另一個失敗的例子、男女混搭的團體「R&B」，就是喬傑立旗下一個超短命的團體，說到這個團體，很多人可能沒印象，因為他們在台灣反應平平，但是唱片在新加坡賣了四萬多張；你想新加坡那麼小，當年一個台灣團

體能在那邊賣到這個數字，還算是成功喔！只是我當時一直覺得編舞有問題，就是要帶著呼啦圈，主打歌一直「呼啦呼啦～呼啦呼啦～呼啦呼啦～」實在很複雜，當你覺得複雜，就不容易傳唱、不容易模仿，如果主打歌沒有被朗朗上口，就不會讓人記住，當然就不容易成功。但是這一團火速拆伙的主因不是不夠紅，而是組內戀愛！不趕快把他們撤掉，是會生小孩、要開育兒院啊！哈哈哈哈……懂意思了吧！所以 R&B 只發了一張專輯，就整團解散了。

你說，做團體是不是很麻煩？根本是自找苦吃，但我願意！為什麼？因為我就是要做不一樣，就是要在這裡面做第一！只是當一個老闆，在某些重要時間點上，必須做出一些殘忍的決定，真的不是我狠心，因為，唯有這樣的決定，才能止損，止損的不只是公司，還有藝人的演藝生命和價值。如果我當下不做殘忍的決定，你想想，本來這鍋粥只有一顆老鼠屎，卻因為捨不得這鍋粥而讓他繼續滾，越滾越臭，最後整鍋臭掉，還能吃嗎？不如早早把這鍋粥倒掉，重新煮一鍋，大家才能享用那美好的一鍋粥啊！

快意恩仇

軍令如山　我說了算

※

我逃不出你的手掌心

沒錯就是你　罪人就是你

狠狠偷走我的這顆心　還一口就咬定

讓我拼命的掙扎　還是無所遁形

我不夠聰明　又太過粗心大意

忘了前有警告標誌　寫著禁止通行卻還是硬闖過去

別裝做一點都不在意

~〈偷心〉

快意恩仇

很多人聽聞我的管理，會用「高壓極權」、「聞風喪膽」來形容，我告訴你們，我這叫「因材施教」，不同的藝人要有不同的管理方式，這叫公司文化。

我因為在 Live House 混而認識了音樂人翁孝良，找我加入他成立的「銘聲」工作室，那是我進入演藝圈的第一份工作。我們簽的第一個歌手是張雨生，那時候我每天開著車，去政大接張雨生下課，再送他去錄音室錄音，還要參與製作會議選歌；記得那時候已經在做電影《七匹狼》的主題曲〈永遠不回頭〉，那首歌是由張雨生、王傑、姚可傑、邰正宵和星星月亮太陽合唱，我經常要抱著八吋母帶（就是八吋寬的錄音帶，你看看有多寬多重）跑好幾個錄音室，因為太多藝人都要使用那個母帶配唱，不像現在還可以上傳檔案，方便多了。後來到了滾石和金點唱片，我也是自己跑現場、帶歌手、當舞台總監，從來沒有用過任何高壓極權的方式來管理，因為每家公司的藝人不同，公司文化也不同，當然管理方式就不同。

可是當我成立威聚唱片時，情況就不一樣了！那時候威聚的旗下歌手有「四大天王」和「Postm3n」，講白了，

就是幾個愛玩、不喜歡讀書的小混混，我不好好修正的話，他們根本沒有機會。那時候羅志祥跟歐漢聲都只有十六歲，看著他們兩個，我心裡就在想「要怎麼做十六歲的小孩，他們才有機會讓大家喜歡、讓大家追？」最後我下定決心，讓他們搬進宿舍。所以這幾個孩子都跟我住了三年。

我們有一間兩層樓的宿舍，可是那時候威聚很窮，沒有能力請傭人照顧他們，我每天最大的「仗」，就是早上要把每個人叫起床、把他們拖出去上課；但你不要以為拖出去他們就出去了，我還要回頭去找誰又躲起來睡，沒錯，就是有人又跑回來躲在浴缸裡睡覺，那個人就是歐漢聲。把他們都丟出門上課後，我就要開始幫他們洗衣服，洗完、晾好衣服之後再才去公司上班。他們星期一到五放學回到宿舍吃便當、上訓練課程；星期六、日我要煮飯給他們吃，那時候只有王仁甫還願意幫我。你一定想，為什麼身為老闆還要做這些日常瑣碎的事？沒有員工可以做嗎？我告訴你，我清楚得很，員工只是在領薪水，下班時間一到就要走了，他會理你嗎？員工下班之後、週末假日沒上班，這些還是要我自己做。

至於訓練的內容，除了歌舞，還有更基本的說話、眼神、簽名等等，每天上課，光是教他們眼睛要看定位就要教好久；還要教他們找到自己最帥的角度，永遠記得把自己最好看的那一面對著鏡頭，才能吸引人，所以你沒發現羅志祥總是在照鏡子？他就怕自己不夠帥。再來是練簽名，字寫得醜沒有關係，但是你簽名要給我練到好看。這些訓練，都要花時間、不厭其煩地練習，羅志祥光是簽名，就學了一個禮拜，每天簽、簽到打瞌睡還是要簽，就是要給我硬練，就是要盯著他們練，因為他們才十幾歲，根本沒有定性。

但這一切訓練裡，最難的是講話，主要是他們都沒念什麼書，講出來的東西沒有內容，我為了讓他們談話有內容，每天睡覺前逼羅志祥來我面前學兩個成語，像是「吾日三省吾身」這些，我先解釋給他聽，他吸收了之後再解釋給我聽，我才能確認他是不是聽懂了。我告訴他們，這些看起來很無聊的訓練是有目的的，你要知道身為藝人，你的賣點是什麼，要讓人家知道你有什麼；天下明星那麼多，人家為什麼要愛你？我當年苦口婆心教了這麼多，但

是，幾年前我跟羅志祥的誤會解開之後，他約我吃最高級的日本料理，還特別把車子開到門口來等我，我亂感動的。吃飯間，我問他：「小豬啊，當年我教你的那些名詞、成語，你到底有沒有記住啊？」小豬竟然回我：「老闆，那時候我們都很累了，好好睡覺不是很好嗎？」看來還是沒記得，哈哈哈！

四大天王紅了之後，粉絲也多了，都會聚集在公司巷口的泡沫紅茶店，那間泡沫紅茶店本來都快倒了，結果因為四大天王的粉絲而起死回生，這些粉絲不是在泡沫紅茶店聚集，就是在公司樓下徘徊。有一天羅志祥放學回來收衣服，竟然對我大喊：「老爸，我內褲不見了！」你覺得會是誰偷的？當然是公司外面那些裝忙、假裝修水管、演工人的粉絲啊！你說，這幾個十幾歲血氣方剛的青少年，如果當年我沒有這樣看好他們並嚴格管理，這些粉絲就會跑到他們家站崗，擾亂鄰居安寧，萬一有人主動投懷送抱，這幾個小男生忍得住嗎？會出什麼事應該想得到吧？

那時我刻意把宿舍安排在地下室，地下室有個安全門，晚上十點我讓他們睡覺，我在樓上收拾工作看電視，

就有人會從安全門偷偷地溜出去,至於溜出去幹嘛?想也知道吧!我只能睜一隻眼閉一隻眼。你說誰會溜出去?我告訴你,全部都會!年輕的熱血在他們身上奔騰,我攔得住嗎?後來我知道了,只要睡覺前他們表現得越乖、越大聲喊「孫總晚安!」我就知道晚上一定有事。

從威聚到喬傑立,我建立了一套評比制度,就是每個月都要把自己的訓練成果編排成一套節目,表演給全公司看,大家互相比較,我們要打分數。我要求他們每次評比從服裝、道具到音樂,一切都要自己準備。為什麼?我給他們的觀念是「靠人人倒,靠樹樹倒,靠自己最好。」唯有親手按照自己要求做的服裝道具,才能符合自己的期望,找別人做,做不好你能怎麼辦?穿著不對的衣服和服裝上台表演,表演的結果不盡理想,觀眾會管你是道具還是服裝影響你的表演嗎?到時候你就只能啞巴吃黃連。我就問,為什麼你的成功與失敗要控制在別人的手上呢?所以一切自己來,自己的成績自己控制。

後來成立喬傑立,5566也是這樣打造,因為我們已經有更好的場地和更多的資源,所以評比越做越大,後來做

到像電視節目一樣的規模。每個月固定的評比成果驗收，我還邀集了業內的朋友來當導師，替他們打分數，我以電視節目的規模給藝人壓力，當「5、4、3、2、1」讀秒結束之後，就比照電視節目錄影不能停，一方面是讓他們磨練出一套套可以直接上節目的表演，一方面當然也是讓業內的製作人或監製看到我的訓練成果，讓他們看到這些新人的才藝，通告就來了，你說，是不是一魚兩吃？所以人不要做沒用的事，在這樣的壓力下，他們勢必要好好表現，也因為有老師在現場打分數，他們之間也就會產生良性的競爭，那就是進步的來源。

5566成功了之後，喬傑立接下來又陸續推出了K ONE、R&B、183 CLUB、七朵花、台風和魔幻1+1等組合，一直到最後的Super131，都是團體，這是我塑造的公司文化，每家公司都要有自己的特色跟文化，我們喬傑立就是專做團體，這是我的策略，我要做全台唯一！但是做團體，表示人多，人一多嘴就雜，我只能用高壓極權的方式管理。簡單舉例吧，光是一個定裝，就會有各種意見，這個想穿那個、那個人覺得別人的衣服比較好看，但他們從來不會

想,其實是自己身材不好,才會穿這樣的衣服。我給造型師的原則向來是「掩飾缺點、彰顯優點」,身材不好的就要穿西裝,把不好的地方遮起來;身材好的就可以穿少一點,把好身材讓大家看,現在你們回頭看,就知道誰是身材不好的了。所以不要跟我說這衣服多有特色,身材不好就是不能穿!沒得談!

也因為我的高壓政策,所以我要他們帶誰就帶誰,這就是命令!5566紅了之後,我用他們來為K ONE作嫁,兩團對尬、合唱《紫禁之巔》片頭曲〈風雲變色〉,一首歌九個人唱、九個人跳,而且在二十年前,我們就花很多錢做了很多動畫,怎麼不會轟動?K ONE還唱了片尾曲〈背影〉,這一團就這樣被人氣正夯的5566帶紅了。當時只要我一聲令下,每個藝人都得配合照做,他們光是怕我就好了,根本沒心思去產生「為什麼我要帶師弟」的情緒;他們也都清楚,我不這樣子做的話,沒辦法管理這家公司,之後就會造成他們的大頭症。

不要看我一副很霸道的樣子,我對這些孩子是愛之深責之切。當年羅志祥是對自己最沒有信心的那個,如果沒

有我每天睡覺前教他兩個成語，他日後怎麼演古裝劇？他那個時候很瘦，夏天穿制服的時候，裡面還要加一件套頭毛衣，你就知道他的身體有多單薄，所以我每天睡前讓他吃一品脫的冰淇淋養胖他，這是只有他才有的。我再怎麼嚴格，還是很愛我的藝人，做經紀人如果不愛自己的藝人，誰還會愛他？「軍令如山」是管理團體的唯一手段。

趕快站起來，沒有時間哭

※

> 看著你的背影發抖　難道是我給的太過沉重
> 在求我放手
> 我是真的要的不多　怎麼連牽個手都變成是奢求
> 你不再愛我
> ～〈背影〉

　　大家看我這麼囂張、講話這麼大聲、做人這麼狂，一定以為我過得一路順遂吧？怎麼可能？我也慘過，只是我不願意在別人面前哭。

　　我在「金點唱片」三十個月，不只捧紅了一票港星，

在業界呼風喚雨、做誰紅誰,每張唱片隨便都賣個幾十萬張,因為做得太好,老闆還要我監管他成立的另一家台語唱片公司「名冠唱片」,對我的職業生涯來說,那是意義非凡的年代。但正當我在金點唱片做得風生水起的時候,卻迎來了人生錐心之痛的挫折!

原本「金點」位於台北市東區松德路,辦公室有七十坪大,我們做得順風順水,結果老闆硬要搬到忠孝東路二段那棟金色外觀的金融大樓,我當然是極度反對,為什麼?以我總經理在管控公司營運的立場,新辦公室的租金成本貴太多了,對我來說,這是沒必要的花費!結果老闆許安進以一句「你懂什麼?」嗆我,就是執意要搬!搬到新辦公室之後,他故意把我明升暗降,本來我有自己的辦公室,搬過去後座位雖然比較大,卻被安排在開放空間,你知道這有多難受?其實那時候,許安進內心已經有了其它意圖,但我因為太年輕,整個人又過於投入工作中,所以根本沒有發覺,只是覺得工作不開心。

終於,這一天來了。過年前夕,我完成郭富城在桃園的演唱會,一直到忙到除夕前一天才結束,對於自己完成

了這場演唱會，我感到志得意滿，開開心心地回到辦公室，整理我的東西準備放假過年，結果被許安進叫進去董事長室，他一句「你做到今天。」接著就要我把所有東西收一收滾蛋，理由是我「貪污」！

原因是什麼？就是我自以為是的好心害了自己。因為當時我帶的歌手，是我從香港簽回來的孫耀威，他每次都跟我抱怨薪水入帳很慢，等支票到期要等三個月，他隻身在台發展，需要現金生活。藝人收入不穩定，經常會擔心錢在哪裡、什麼時候錢會進來？我深知窮的感覺，而且我愛我的藝人，我當然心疼藝人，也擔心他因此心情不好，影響工作狀況，所以我跟公司的財務長先講好，我的存摺、印章都擺在我秘書那裡，請財務長把支票軋到我這裡，在公司的錢入帳之前，我先墊現金給孫耀威，這樣一來，既不影響公司的帳務流程，二來又可以讓藝人安心工作，我認為這是兩全其美的方法，沒想到最後老闆說我這樣是貪污，原來，這被認為是一種洗錢的方法，真虧他想得出來！我那時候只顧著投入工作、照顧藝人，哪會了解老闆這麼有心思？我純粹就只是因為擔心藝人，先從自己的口袋裡

拿錢給他生活，卻被安上這樣的罪名，當時的我不但錯愕，也覺得這個罪名太離譜了！我如果要貪污，我會笨到把存摺放在秘書那邊讓你們查到嗎？後來我回想整件事情的來龍去脈，我覺得主因是因為我「功高震主」，而這個墊款事件，就是讓他們找到叫我滾蛋的理由而已吧！

所謂「功高震主」，當時金點老闆許安進的辦公室在二十樓，而我的辦公室在十九樓，每回許安進發布命令，十九樓的同事就會問：「孫總知道嗎？」作為老闆，當然會覺得我影響到他們的權威了，好像要我答應，老闆的命令才能執行一樣，那老闆還有什麼地位？所以，我就這樣在過年前一天被掃地出門，我的存摺、印章還有裡面所有的存款全部被沒收，當然，原本答應給我的 Bonus，根本也不可能給我了。你想想看，我那時候在金點唱片做的唱片張張賣錢，分紅至少可以拿到八千多萬元，結果，這些分紅，連同我辛辛苦苦賺來所存下的錢，全都沒有了，我等於淨身出戶，哭著離開，你說老闆這種做法狠不狠？所以，我在電梯口發誓「我絕對不會再回頭！」以我幫你創造的根基，兩年內這家公司一定倒！事實是，兩年後它真的倒

了！算是上天有眼吧！

在金點三十個月，我沒有對不起任何人，除了一組藝人叫「L.A. Boyz」，因為我把孫耀威經營得很好，首創了歌迷部、辦演唱會，大小活動我一定有粉絲應援團，所以L.A. Boyz希望加盟金點再上一層樓，我跟他們把合約簽好了，結果人就被趕走了，所以我最對不起的是他們。

那一天，我從走出電梯就開始哭，回到家更是大哭特哭，哭到大年初三，是真的哭。我一直以來的信念都是要先替老闆賺錢，再來想自己，我覺得我幫我老闆做了這麼多事情，還要我監管名冠唱片，薪水也沒有加，而且出的唱片張張大賣，業績比本土五大唱片公司還好，他們怎麼會這麼做？怎麼會這麼狠心對我？我幫他們賺了那麼多錢，他們卻用莫須有的罪名說我貪污，我怎麼能不大哭特哭？

可是，窮人家的孩子是沒有權利哭的，因為哭解決不了問題，我還記得我媽罵我說我家就是被我哭窮的，再哭下去，我就真的窮了。所以三天過後，我告訴自己要振作，我問自己「能這樣頹廢下去嗎？」當然不行，但，我已經做到唱片公司總經理了，下一步是什麼？我曾經介紹喜歡

的藝人給公司,都被公司打槍,例如優客李林被說太醜,林憶蓮也被要求睜開眼睛唱歌,而我又被掃地出門,接下來我還能做什麼?我不喜歡跟別人鬥爭,也不會搶別人的位子坐,我最喜歡的事情是,看我的藝人在市場上發光發熱,想通了這一點,我決定自己開經紀公司。所以,也要謝謝許安進和金瑞瑤兩位前老闆的作為,才逼得我自己創業,轉個念,他們算是我的貴人吧。

我找上以前的同學和當兵時的戰友,跟他們募資籌款,以一千兩百萬元的成本開了「威聚唱片」。第一次開唱片公司,我就自己包辦製作、企劃、宣傳還有最困難的發行,就這樣,我撐過來了。

遇到挫折,當下一定會有情緒,但我人生永遠記得童軍名言:「準備、日行一善、人生以服務為目的。」所以我再怎麼囂張、再怎麼討厭,我也不會害人,我一定把每件事情做最壞打算,把一切準備好再出發。向來我不欠人,只有別人欠我,我做事的原則也是一定把公司的錢當自己的錢看,把公司的工作當我的事業做,所以,我在公司是當然的第一名,因為我就是要當第一名,你如果是老闆,

能不愛我嗎？曾有個不懂事的老闆跟我說，我是個討人厭的主管，但他搞不清楚，我心想，要做大家都喜歡的主管其實很簡單，就是不把公司的錢當錢花，可見這個老闆真是迂腐！所以，雖然我當時哭了三天，但是我一想到孫家要揚眉吐氣，我就不能再哭了，再難過都不能哭，擦乾眼淚，我站起來了！

我怎麼可能不要你

✻

到哪裡找回真愛　找回所有遺憾

愛的真相　就能夠解開

多給我一些片段　拼湊未知的意外

失去記憶最初的愛

~〈真愛〉

我一直說，身為經紀人，最重要的就是「愛你的藝人」，如果連你自己都不愛他，別人又怎麼會愛呢？我從成立經紀公司的第一天，就很愛護我所簽的每一位藝人，從張雨生到孫耀威，從四大天王到5566，從183Club到七

朵花，我都把他們的前途當依歸，從來不會只看眼前的利益，把他們當自己孩子一樣照顧，所以他們都會叫我「老爸」。

親生的孩子都有可能鬧彆扭了，更何況是簽約合作的藝人，即使我對他們視如己出，畢竟不是自己親生的，原生家庭跟成長背景也不一樣，合作上當然會有摩擦、爭執，合約也會有結束的一天。但是，不管他們走到哪裡、怎麼發展，我其實都還是會在心裡默默關心他們、看著他們，只是當時有多疼多愛，如果分手得不愉快，我心裡的糾結怨恨就有多深，而這其中最痛的，就是我和羅志祥糾纏了二十年的恩怨。

羅志祥跟歐漢聲是我成立「威聚唱片」所簽下的第一組藝人，當初簽下羅志祥就憑他的一張照片，只有十五歲的他，是我一路建構他的事業及進入演藝圈的入場券。在這本書其它篇章裡我也提過，我如何一路培訓、照顧、拉拔十幾歲的他們，如何培養他們的星味，讓他們跟我扎扎實實地住了三年，幫他們洗衣煮飯，當時所有的鄰居都覺得我好偉大，因為一次要照顧七個人（四大天王和 Postm3n）

的吃喝拉撒睡。即使羅志祥跟歐漢聲當時已經從「四大天王」轉變成「羅密歐」，看起來聲勢如日中天、紅得要命，因為前面幾年草創時期投入的培訓成本過高，加上公司做的其它產品沒賺什麼錢，所以公司的財務還有很大的洞要補，就算「羅密歐」滿紅的，但畢竟還沒開始產生大的商業價值，所以公司財務充滿赤字，處於虧損的狀態。

身為老闆，我為了讓公司存續，必須在外面繼續找人投資融資，讓公司可以在資金充裕下運作，所有的苦我都往肚裡吞，我當然知道公司財務吃緊，我並沒有讓任何人知道，其實我根本手上沒有現金，以免動搖軍心。但「羅密歐」紅了，該買保母車，我咬著牙還是照買，不然怎麼像個大牌明星？終於，很幸運地，有一個做直銷電商的金主願意投資我們公司，當時我總算鬆了一口氣。

「羅密歐」正值上升期，各界都很看好羅志祥跟歐漢聲的未來，那時候有兩個機會：一個是王鈞和吳宗憲成立了「Jacky Channel」，希望羅密歐成為 Jacky Channel 的固定班底，很有誠意地捧了五百萬現金來邀約；另一個機會是三立都會台的《完全娛樂》，沒有任何預付款，也沒有

任何承諾。你們猜我選了什麼？我選了三立都會台的《完全娛樂》作為羅密歐的跳板！我的理由是三立集團有未來，而且是穩定的，Jacky Channel 我覺得剛開台不穩定，但是，這樣的決定卻引發家長們的不滿，因為我放著白花花的五百萬現金不拿，選了一個沒有任何承諾的三立都會台《完全娛樂》，我自己猜想，家長們一定覺得我考慮欠周，因此種下了第一顆不信任的種子。我是個稱職的經紀人，我的決定是針對藝人的未來，而不只是眼前的利益，揹負著不被理解的壓力，這個苦誰知道？最後事實證明，我的決定是對的，但現在誰能幫我申冤？所以我說當稱職的經紀人非常難。

那個要投資我的金主，他的入主等於是把威聚原始股東手中的股份買走，我是有情有義的人，所以前三筆金主給我的投資款，我先付給其他股東，我自己選擇最後一筆，但沒想到付完前三筆投資款之後，他竟然財務告急，債務高達兩億多！看到所有高階主管紛紛離他而去，山東人的義氣油然而生，我拼了命幫他處理所有的事務。當時公司已沒現金，我負責任地先拿了近百萬出來幫他墊款應急，

同時在拼命幫母公司——美妝保養電商，將大量庫存重新編織故事，我還拜託三立的蘇麗媚副總給我一個下午時段，做這個美妝保養品的三分鐘廣告（就是看完廣告可以打免付費電話訂購的那種），只希望能盡快地幫忙將東西賣掉，把錢賺回來。

那段時間，因為我太投入拯救公司，所以我忽略了「羅密歐」的感受，每天忙得焦頭爛額，完全顧不到他們，根本連講話的機會都沒有。因此讓有心人有可乘之機，開始煽動羅志祥和歐漢聲跟我解約，甚至對我提告。我為了公司已經忙得天昏地暗，當時我認為這兩個孩子還這樣搗亂，讓我非常生氣，也沒有時間好好溝通處理，莫名其妙地我們就解約，他們也撤告了。從此我失去了「羅密歐」，我這才恍然醒悟，但一切已經來不及了，我沒辦法想像自己親手把屎把尿三年的孩子，怎麼會背叛我？那陣子是我人生最黯淡的時刻，每天痛苦萬分，像行屍走肉。

蘇麗媚副總夫婦怕我胡思亂想，三天兩頭帶我到處吃吃喝喝，希望我趕快振作起來。這樣頹廢了四個多月，終於，有一天，我頓悟了！我怎麼能這樣懷憂喪志？主要是

快意恩仇

因為三立都會台正準備開啟偶像劇，蘇副總要求我一定要到場開會，只要我沒出現，蘇副總就直接散會。這件事情傳到我耳朵，我覺得不應該再繼續這樣下去，我會對不起愛我的人和支持我的人，從小我就不願意對不起任何人，我竟然辜負他們對我的期待！我走到蘇麗媚副總的辦公室，清楚地告訴她：「我活過來了！」我逼自己回到工作崗位，開始思考我的下一步。

我實在想不通，我最疼愛的孩子羅志祥為什麼會這樣背叛我，我有多愛他，當時就有多恨他，所以我開始擬定我的復仇計畫。君子報仇三年不晚，我一步一步地開始打造5566，首先蠶食鯨吞地吃下羅志祥所有的節目，第一步就是拿下《完全娛樂》，用5566取代他；當時5566有三立做後盾，在偶像劇的加持下，聲勢一步步地往上漲。說個秘辛吧！一開始蘇副總希望《薰衣草》由羅志祥當男主角，我跟蘇副總說：「有羅志祥就沒有我！」你就知道當時我有多恨他；接著羅志祥離開《旗開得勝—少年兵團》，到中視跟陶晶瑩搭檔主持由詹仁雄製作的《電視大國民》，結果孫協志跟王仁甫接替進駐《旗開得勝—少年兵團》，

收視率獲得壓倒性的勝利，連續三集打贏之後，我們在台視開記者會，我叫製作單位買桃子買豬腳，讓媒體拍攝啃桃子吃豬腳的畫面，你就知道我有多賤，我復仇的決心有多重！我讓5566禮拜一到禮拜天都有節目，只要羅志祥開什麼時段，我就去什麼時段，我一次次痛擊，一次次把羅志祥踩在腳下，毫不留情。

當時我真的把5566打造得太成功了，又有三立集團當後盾，導致沒有唱片公司敢發羅志祥的片，因為誰發了他的唱片，就是得罪三立和我。最後我的發行公司艾迴唱片總經理來找我，好聲好氣地問我：「可不可以發羅志祥的專輯？」我猶豫了十五秒，竟然還是答應了。虎毒不食子，其實如果我當時堅持不讓他發片，他可能從此在唱片圈銷聲匿跡，但他畢竟是我一手帶出來的，我曾經那麼疼愛他，在這關鍵時刻，我決定還是網開一面吧！

後來「葛姐」葛福鴻邀我吃飯，我不知道她安排羅志祥中途出現來跟我道歉，但即使他出現了，我仍選擇不接受，而且不給情面地連坐都沒讓他坐就請他離開，你看我有多恨。當我知道5566聲勢下滑，我跟葛姐要求簽唱會請

快意恩仇

　　羅志祥出席，絕對是兩岸三地的大新聞，結果卻是5566選擇不要，我心裡暗自嘀咕，他們真的不知道我的用心，經紀人真的很難當。反而是聰明的羅志祥，唱片慶功宴特別邀請我去，我就跟他進行了一次所謂的「假和解」，即使這樣，我心裡的結始終沒有打開，甚至我的手機一度當掉，所有的聯絡資料都不見，失去了羅志祥的聯繫方式，我也無所謂。直到2022年，羅志祥很義氣地去幫以前「Postm3n」成員之一的林大晉，辦了一場中型演唱會，在林爸爸過世前，圓了他認為兒子是偶像歌手的夢，才透過林大晉重新得到羅志祥的聯繫方式。

　　離開我二十年之後，我首度正式聯絡羅志祥，當我加他好友，他馬上回應加我為他的好友，接著我直球對決問他：「你為什麼背叛我？」

　　「你為什麼不要我？」他馬上回應。

　　看著他寫的那幾個字，我愣了好久，原來，在他的心中認為是「我不要他！」親愛的孩子！我怎麼可能不要你？！

我和小豬展開了四個小時的文字對談，把事情的來龍去脈梳理了一遍，我這才驀然驚醒，當時我義氣地忙著幫金主找錢還錢，疏於照顧他們，沒想到竟被這個金主趁虛而入，把合約收為己有，還找黑道去要求他們賠償違約金，我千千萬萬沒想到，羅志祥和歐漢聲竟然真的各自拿了一千萬去「贖身」！投資我的金主竟然瞞著我這樣做，我完全不知道，他唯一對得起我的事情是要求「羅密歐」撤告，但也從那之後我們分道揚鑣。我終於知道事實真相，真是人心隔肚皮，我拼了命在維護他們，他卻瞞著我跟小孩子要錢，你看社會有多險惡！但因為小豬跟歐弟背叛我在先，所以違約金的事他們也不敢讓我知道，如果當時我知道他們是這樣被人弄走，我一定跟對方拼命！憑什麼違約金是他們拿走？

　　二十年後的這通簡訊，開啟了四個小時的對話，我們把所有的誤會全部解開。小豬問我，知不知道這二十年來，即使我一直用盡各種手段打壓他，他卻從來不回嘴的原因是什麼？

　　「我知道，如果我一回嘴，我們父子就永遠沒有復合

的可能。」

這句話讓我感覺，他為了這段父子情，忍受了我二十年來的冷嘲熱諷，我還說他是「過氣藝人」。

「我之所以這麼拼命努力的原因，有一半是因為老爸你，我想，只要我紅了，老爸對我就沒話說了，所以我有今天也是老爸給我的動力。」

原來，他這麼努力，也是想做給我看。

這二十年，我們鬧來鬧去，其實心中始終都有對方才會鬧成這樣，所以也無從解起。那個晚上，小豬邀我吃飯，而且在餐廳門口等我，展開我們父子的和解之路，我們又回到二十年前的感覺。

復合之後，現在小豬只要有空就會來家裡看我、陪我吃飯聊天，即使我現在手上沒握有什麼對他有利的資源，更不是他的經紀人，他對我的好，只有更甚於以往，讓我非常感動，我更相信這是真真實實的感情。我的生日宴，他會毫無預警地提前結束工作，意外現身給我驚喜；每年過年依照慣例，大年初四我家會開放所有藝人朋友到家裡

拜年,他一定會來送上一個大紅包;他一年送我兩次服裝,分別是夏天的和過年的。他選給我的顏色和款式,我都喜歡得不得了,穿上去就像演唱會上的羅志祥,所以每次只要是重要場合,一定會穿著出門去炫耀給朋友看。

對於這個失而復得的孩子,我異常珍惜,一輩子都沒想到失去還可以重來,我主動將他在威聚時所發行的歌曲錄音著作權無條件送給他,圓滿他演藝作品的完整,這是我該做的事。

孩子,謝謝你回來,你圓滿了我的人生缺憾。

快意恩仇

站在制高點

＊

我不是不知道　沒有休的日子會有多麼煎熬

就算是我傻得可笑　失去當成得到

只要能夠對你好　我都會做到

~〈煎熬〉

有看過影集《影后》的人應該明白，經紀人不是人幹的，全世界都可以沒電，只有你不可以；全世界都可以背叛你的藝人，只有你不可以，經紀人和藝人之間是生命共同體，也是利益共同體。藝人如果不好，經紀人也不會好；為了藝人好，經紀人必須拋開所有成見、跨過心裡的過不去的坎，站在制高點看事情，才能看得到問題、找得到方

向,獲得最大利益。

大家都知道陳喬恩是我培養出來的,但是,很多人不知道,我跟喬恩之間有一段相愛相殺的過程,即使我有的作法會讓她怨我、恨我,但是以最後的結果來看,我當時所做的決定是對的,至少,這個女孩是我先看到的!

陳喬恩在入行之前的工作是廣告選角,有一回我的工作人員帶旗下藝人去試鏡,她把我的藝人罵得跟狗一樣,我就叫人把她帶回來,看看這個女孩子能把我的藝人罵成這樣,自己是有多厲害?有多會講?憑什麼本事敢這樣罵人?把喬恩帶回來聊完之後,我讓她參加我們第一次的才藝評比,結果她竟然模仿張菲!好好一個女孩子竟然模仿張菲?!我當場就決定我要這個女生。很多女孩子只想當明星、扮得美美的,都放不開來搞笑,更不願意扮醜,但是喬恩可以,為了演出她願意,我就知道這個女孩子有未來。

有才華的藝人其實都是難搞的,我和喬恩合作多年以來,一直都是相愛相殺。我逼她練舞,她跟我說她月經來了,我就在廁所門口等她,看妳一個衛生棉要換多久?

她一走出廁所門,我就說「小姐,請到排練場。」不願意也得排。因為我培養藝人的信念就是,有本事的藝人是把十八般武藝練好放在身上,等製作人發掘,如果今天有一場戲你需要跳舞,但你不會,難道要導演等你練好嗎?還是他就去找其他會跳的人了?

我當時就是看上喬恩絕對會紅,所以想盡辦法培養她,果然吳宗憲也很看好陳喬恩的外型、反應跟口才,所以她加入喬傑立不到半年,就獲得主持台視週六黃金檔節目《綜藝旗艦》的機會。一個新人這麼快就可以進駐黃金時段、站在大哥級主持人的身邊,是多少人夢寐以求的機會,但是喬恩不知好歹,被媒體拍到在攝影棚喝酒!這已經不是喝點酒的問題,而是藝人對於自己的自我要求和工作道德的問題,我看出這個藝人已經不知道自己在幹嘛了,所以我決定冰她一年,就是大家說的「雪藏」!你要知道,經紀公司的收入來源就是藝人的演出酬勞,我冷凍喬恩的這一年,我養著這個藝人卻沒有收入,對我一點好處也沒有,但我知道這個動作是必要的,我就是要修理她,因為我知道她未來有希望,當下她就是一下子機會來得太快而迷失

自己罷了。果然，這一冷凍，她就著急了，這一年，她找盡所有人來談解約，我就是不放人，因為我就是要讓她知道，這段日子的冷靜，對她的未來是很有幫助的；雖然到現在她依然恨我，我還是認為我做的是對的，沒有那一年的雪藏，哪有現在懂事的陳喬恩？

一年之後，我覺得時間到了，我就讓她主演《王子變青蛙》，冰封一年的喬恩，能量大爆發，在《王子變青蛙》中的表現讓人眼睛一亮，也讓她的星運從此大開。我自己在做藝人，會知道藝人是不是手風來了。怎麼說？通常我們看藝人，都是看藝人開記者會那天的狀態，記者會是一個人群雜沓的地方，在一堆藝人、長官和媒體中間，他（她）的光芒在不在？在人群中會不會一眼被看見？記者拍出來的照片好不好看？如果那天你找不到自己的藝人，媒體拍出來的照片怎麼拍怎麼醜，那麼這個作品一定死；如果那天怎麼拍怎麼帥、怎麼漂亮，就一定會大賣。一旦手風順了，什麼資源都會自己找上門，能不紅嗎？

喬恩跟明道在《王子變青蛙》之後，越來越紅，當時的偶像劇是紅遍全亞洲的，包括中國大陸，所以我們開始

快意恩仇

接到各種來自大陸的邀約，我也決定讓陳喬恩跟明道去大陸發展。其實這個決定是違背三立的意思，畢竟電視台認為藝人是自己捧出來，希望他們能留在台內拍自家的戲就好，但是當時陳喬恩跟明道的熱度已經擋不住，我帶183 CLUB去宣傳的時候，看到《王子變青蛙》同時間有二十幾家衛星電視台在播，在飯店化妝的時候，看到江蘇台在播第六集，轉台到四川衛視，在播第二集……怎麼轉台都看得到，看到自己都覺得好噁心，你就知道他們兩個在中國大陸火爆的程度，這勢頭已經是擋不住的了。

當初我讓明道帶著著喬恩進內地，第一年的酬勞就是每集六萬元人民幣，一部劇四十集，那時候台幣對人民幣的匯率是一比五，拍一部戲就有一千兩百二十萬台幣，一年可以拍個兩三檔；如果在台灣，她拍一輩子都賺不到這個價錢，更不要說現在的喬恩，早就不可同日而語了。所以為什麼那麼多藝人會對大陸市場這麼嚮往？因為只要有機會去、有成績了，就不回來了，收入的相差比是一百倍，你在台灣賺一萬元，去內地可以賺一百萬元，這誘惑不大嗎？

現在回頭來看，我仍然相信自己為喬恩做的這些決定是對的，因為我站在制高點看著她，我相信那時候冰封她的一年，是累積她後來爆發能量的重要契機；我也知道，當時必須放手讓她去大陸發展，即使後來她不是我公司的藝人，我也不可能照顧她一輩子，所以我相信幫她選最好的路，一定是最好的決定。即使她結婚，婚禮也沒有邀請我，我還是祝福她。

然而，即使我這樣處心積慮替藝人想，有些藝人不能理解，也不買單，最後走下坡，也是自己的選擇。

我說過，我當時做5566目標就是為了打羅志祥，我當時也確實做得真的太成功了，所以羅志祥要重新出發，艾迴的總經理來問我「可不可以發羅志祥的專輯？」我只猶豫了十五秒就說好。

艾迴替羅志祥發的第一張個人專輯是《Show Time》，我意識到5566在《好久不見》專輯之後開始走下坡，但我還是想給5566機會，於是致電羅志祥的經紀公司老闆「葛姐」葛福鴻，想邀請羅志祥擔任5566台北簽唱會的嘉賓。我很清楚，如果羅志祥來了，等於是跟我和解，一定是兩

岸三地娛樂圈的大新聞！我用自己的新聞，來推動5566，結果，葛姐同意借人，羅志祥本人也同意了，但5566不願意，他們竟然問：「為什麼要？」

當時的5566已經開始變質了，他們覺得自己紅了、會賺錢了，所以已經沒有初心和原本的拼勁，革命情誼也不在了，連開會、排舞都還要看他們的臉色。我站在制高點，看著我一手打造的5566正在走下坡而他們卻不自知，我寧可吞下自己的一口氣，跟羅志祥和解，也要幫5566炒一把新聞，結果你們不領情？那就算了啊！你們註定要垮了。

結果羅志祥沒來5566的簽唱會，羅志祥反過來邀請我去他的慶功宴，因為對羅志祥來說，一開始是你孫德榮來邀請我羅志祥去5566的簽唱會，我答應了，可是你的藝人不要我參加，你欠我一次人情。我答應羅志祥去參加他的慶功宴，其實我心知肚明這是假和解，因為我心裡的坎還沒過，只是為了一報還一報，所以連現場署名我送的花，其實都是他們買的，我一毛錢也沒出，就是人出現打完招呼就走了。果然，兩岸三地的新聞都在寫：「孫德榮跟羅志祥大和解」，新聞全都做在羅志祥那邊，如果當初5566

接受我的建議，讓羅志祥來 5566 的簽唱會，面子就會在我們這裡，5566 就能贏得一次掌聲，創造一波新的高潮，結果他們自己放掉了。所以我常說很多藝人都是笨蛋啊！不懂自己在紅什麼，更不懂經紀人跟他們是生命共同體，我怎麼可能會做害他們的事？

近期，我在整理從威聚到喬傑立的歌曲版權，我把羅志祥演唱的六首歌曲版權全部無條件贈與他，完整了他人生作品的音樂庫。因為我覺得，我少了這幾首歌，對我沒有傷害，但是，卻能讓一個藝人一輩子的音樂因此而完整，不是挺美好的嗎？這就是從制高點替藝人思考。

好的經紀人是沒有敵人、沒有朋友，只為藝人往前衝的人。

學會站在制高點看事情並不容易，因為我們都是人，人都有七情六慾、貪嗔癡怨，要吞下自己的情緒、放下自己的自尊，才能用客觀的角度看，什麼才是能夠為大家創造最大利益的方式，你們說，我容易嗎？

快意恩仇

抱歉，我們情深緣淺

＊

我想對你好　你從來不知道

想你想你也能成為嗜好

當你說今天的煩惱　當你說夜深你睡不著

我想對你說　卻害怕都說錯

好喜歡你　知不知道

～〈當你〉

在這個行業打滾了四十年，服務過不少老闆，身邊總是有人來來去去，但我可以很有自信地說，我對每一份工作都是竭盡全力，就像我一路以來的原則，都是先幫老闆

賺錢，再來想怎麼讓老闆替我加薪，我沒有做過對不起他們的事情。但是，人生在世交朋友，很多事情就是看緣分，有些人緣分很深，不管走到哪，這些人都會在你身邊；但是有些人緣分淺，就算他站在你面前，你也會忘記他。對於這樣情深緣淺的人，我對他們都有深深的歉意，這樣的歉意一直都被我放在心裡。今天，我想藉由這個機會向他們好好地道歉。

我要道歉的兩位女士，第一位是「葛姐」葛福鴻。

有一點年紀的人應該都知道，葛姐對台灣影視圈的影響力有多大，早期的「福隆製作」，她帶領王偉忠和柴智屏，先後製作出《週末派》、《連環泡》和《超級星期天》，捧紅了張小燕、胡瓜、陽帆還有庾澄慶；後來她跟「邱董」邱復生攜手合作，在有線電視剛開始的年代，以 TVBS、年代電視台、東風電視台打下一片江山，那時候陶子的《娛樂新聞》、陳鴻的《阿鴻上菜》等節目，都是她的傑作；她在藝人經紀的經營，也是數一數二的厲害，金城武、侯佩岑和蔡依林的成功，都出自她的手，包括離開我的羅志祥，也都在她的麾下；她的「超級圓頂」成功舉辦了許多

膾炙人口的演唱會,像是這兩年大家搶票搶得最兇的張學友和劉德華演唱會,就是靠她穿針引線,我們才得以看到這兩大天王的演唱會,所以她有「綜藝教母」的稱號。

葛姐的成功,除了她自己本身就是一個工作狂兼鐵娘子之外,也來自於她特別懂得知人善任,她對於欣賞的人,從來都不吝惜照顧、提拔,而我應該就是她眼中的人才之一,因為她對我實在太好了。葛姐之前每個月都會帶著我吃遍大江南北的美食,甚至把她在北投的家的鑰匙給我,隨我去玩。我在三立成立喬傑立後,她也每年都來探視我,但就像我說的,除非蘇麗媚副總放人,否則我就不可能離開三立跟她走。

我跟羅志祥鬧翻之後,當然完全沒有往來。後來羅志祥簽到葛姐的旗下,葛姐甚至叫羅志祥來跟我道歉,但我聽完羅志祥的道歉就叫他走了,因為當時心裡的坎沒過,你要知道,當年我有多疼羅志祥,之後就有多傷心,所以他當時雖然聽葛姐的話來跟我道歉,但我心裡並沒有接受。後來即使我為了5566的最後一搏,想「利用」跟羅志祥的和解做一波新聞,葛姐也答應配合這波炒作,只是後來竟

然是 5566 不願意，這個造勢宣傳只好作罷。但是這件事情到後來，反過來變成羅志祥邀請我去參加他的慶功宴，甚至連現場有我署名的祝賀花籃，也都是他們準備的，我只需負責出現「演出假和解戲碼」就好了，即使如此，我心裡也都知道那是「假和解」，我心裡的坎就是過不去。就這樣，我來來回回地讓葛姐等了十二年，我始終沒有跟葛姐合作。

葛姐一路以來對我這麼包容，在我需要的時候也都義氣相挺，結果當喬傑立結束和三立的合作時，我竟然忘了告訴葛姐！你問我為什麼？我不知道，真的就是忘了。就這樣，我們錯過了合作的機緣！在這邊我要非常鄭重地跟葛姐說「對不起！」而且這麼重要的事，應該要說三次「對不起，對不起，對不起。」

另一位我要道歉的對象，是于美人。

我和于美人的緣分，開始於一起上節目通告，是她先追我的喔！那次一起錄影之後，她開始主動跟我聯絡，之後我們就常常通電話。我們的個性太像，都是山東人，同樣直來直往，所以我們就彼此吸引、一拍即合。我是個主

見很強的人，美人也是，什麼事情她都有自己的看法，常常會跟我說出她的一套道理，我也沒法跟她爭，因為我們太像了，所以我懂她在想什麼，就這樣，她成了我最好的妹妹。

美人的個性很熱心，經常主動地幫許多朋友處理後事，所以我跟她說好了，我的身後事也交給她來處理。我雖然主張簡單就好，但是她有她的想法，反正到那時候我也已經走了，就隨她高興吧！不過她可不想要我這麼早死，因為她每次在忙別人的後事時，都會發訊息給我：「哥，你給我好好活著，我很忙！」

我和美人的感情很好很好，美人說我們倆都很「阿Q」，而且臉都圓圓的，也像是「QQ」，所以我們叫做「QQ二人組」。

在我結束跟三立的合作之後，我們QQ二人組就一起成立了「聯喬娛樂」。聯喬娛樂是我跟美人聯手「廣告教母」余湘，所成立的一家結合廣告資源和娛樂經紀的公司。成立這家公司的契機，是因為當時我們都覺得娛樂產業開始邊緣化，大家都有心想要做更多事情，而我本來就是一

個擅長整合資源的人，我知道大家的力量分散，絕對成不了大格局，個體經紀賺不到錢，經紀人最後都淪為提包包的，因此我們決定聯合起來，整合更多有志於娛樂產業的人。只是沒想到公司成立一年不到，我就確診膀胱癌，經歷生死交關，這個公司也就無疾而終，這是我很大的遺憾，對於想要一起大展身手的美人，我真的非常抱歉。

但是，也因為這個病，讓我和美人建立了比親兄妹還要好的感情，她在我住院期間天天來看我，坐在病床旁邊陪我，那時候她也正經歷婚變，每天早上八點到醫院就哭給我看，那麼難過的狀況下卻還能每天來陪我，真的讓我很感動。我們兩個從那時候開始相依為命，一起在病房裡又哭又笑，雖然我們無緣一起做事業，但她是我永遠的好妹妹。

雖然我生長在一個不太健康的家庭，有個忙碌寡言的爸爸、總是出門打麻將的媽媽、集三千寵愛於一身的哥哥和總是靠我跟在後面擦屁股的弟弟，還有一個慢飛兒的妹妹，看著爸爸那些「山東幫」的臉色長大，也沒有親戚可以依靠，一路憑著自己的力量長大，但我很慶幸自己沒有

長歪變壞，反而經常提醒自己，不能害人、不能對不起身邊的人。可能是因為自己知道什麼叫做辛苦，所以不想別人吃跟我一樣的苦，所以我對於過河拆橋、忘恩負義的人，是深惡痛絕的。

雖然我發誓要成為讓別人仰望的人，做一個只有別人來求我、沒有我求人的人，但是，也是因為這樣，所以我對於一路走來在每一條路上幫助過我的人，心裡都充滿感激，因為我知道，雖然我很霸道、很兇、很大聲，但是如果沒有他們的提攜和包容，我也不會有今天。我知道我是個爭議很大的人，很多人看不慣我的大嗓門，很多人對於我炒新聞的方式不認同，也有人覺得我目中無人，因為我只講真話，真話都難聽所以容易得罪人，很多人因為怕得罪人就講很多假話，然後為了假話還要編一堆故事，太累了。我其實就是對自己誠實、對別人也誠實這麼簡單，但如果你作為我的朋友也不能理解，等到有事的時候，當然也不會站在我身邊；如果是因為這些原因討厭我，我也沒辦法，因為我就是這樣的人。至少，我可以很自豪地說，在這個行業四十年，我沒有做過對不起人的事情，因為，

我做每一件事情都要對得起自己的良心。

對於葛姐和于美人，我沒有做對不起他們的事，但是因為他們都對我太好，好到讓我覺得我沒有回報他們，是我的不對，所以我一直放在心裡，在這裡，我想對他們說「謝謝」和「抱歉」。

感恩的心

＊

愛你　要永遠牢牢記住你的笑

想你　再沒誰對我像你這麼好

為你　我怎能輕易的把你忘掉　一直守到天亮

愛你　是我這今生最大的驕傲

想你　沒有人可以取代你一秒

為你　我該要如何撐過這煎熬

忘了所有悲傷　紀念你的好

～〈紀念日〉

從小看人臉色長大的我,是個腰桿很硬的人,為了不向命運低頭,為了不求人,我把自己準備好、讓自己強大。在我的世界,我喜歡事求人,不喜歡人求事,但是狂傲如我,心中還是有要感謝和抱歉的人,巧的是,她們都是女性。

我常跟我身邊的人開玩笑說,我有「心想事成」的體質,因為只要我心裡想要,這件事情就會出現在我生命中。在結束了威聚之後,我看著市場的狀況,我就在想:「接下來應該要找像電視台這樣的平台合作,整合資源,經紀事業才有可能做大做好。」正當我在這麼想的時候,三立的執行副總蘇麗媚就向我招手了。

和蘇副總的緣分始於四大天王,緣起於威聚創業作——「四大天王」的《Cha Cha 舞池》專輯。當時蘇麗媚是全台北最大的夜店「KK Disco」總經理,四大天王要拍 MV,自然想到這個當時最豪華、還有升降舞台的場景。威聚是我自己第一次當老闆,四大天王是我自己的第一組藝人,我當然是全心投入;那天 MV 從凌晨兩點半夜店打烊後開拍,一路拍到第二天下午五點多店家準備營業,過程中她

有來看一下，就覺得我這個人好像挺認真的。

後來蘇麗媚負責掌管三立都會台，她就來問我，能不能進都會台跟她一起合作，我心想，太好了，我正想找電視台合作，這不就是心想事成了嗎？只是她沒想到的是，我進三立經紀部的第一件事，竟然是解約了所有的台語藝人，包括賀一航、侯怡君和李興文等人，我花了很多時間與這些藝人一個一個地談，賀一航還用毛筆字寫了滿滿一封信罵我。蘇麗媚聽到藝人罵我的聲音就來問我：「公司有八點檔，很多戲劇一直在拍，這些藝人一年下來少說也有一千萬的進帳，從公司的利潤來考量是很大的一筆收入，你為什麼不要？」我回她：「我要的是巨星，不是藝人，如果我只是要藝人，就不用來妳這裡。」所以我解約了所有藝人，只留下孫協志。對於我這樣的決定，蘇副總毫不干涉，讓我用自己的方式去發揮去打拼，她作為我的後盾全力支持我。

我和蘇副總之間只有兩次衝突，一次是《MVP情人》的片頭及片尾曲，她打電話跟我說，我選擇的歌曲是錯的，但是我回她：「拍戲妳是專業，音樂我是專業，聽我的！」從此她沒再干涉我替偶像劇選的主題曲。另一次是三立正

準備要拍《命中注定我愛你》，她打電話跟我要男女主角──明道和陳喬恩，當時他們已經搭檔過《王子變青蛙》，收視率大成功，想要讓冠軍男女主角再搭配一次，卻被我拒絕了。我告訴蘇麗媚：「如果妳每次跟喬傑立要男、女主角，永遠只有明道和陳喬恩，就不要再打給我，我旗下的藝人很多，這樣子我沒辦法跟其他人交代。」我是一個很有原則的老闆，明道跟陳喬恩在《王子變青蛙》已經搭配過了，同樣的組合再來一次，我公司其他想當男、女主角的的藝人怎麼看？最後，我只給了陳喬恩，男主角後來找了當時被稱為「年輕版明道」的阮經天，這個組合締造了台灣偶像劇單集最高收視紀錄，成績比《王子變青蛙》還斐然。

其實我真的任性，但是蘇副總依然對我很好。我很多時候做的決定都讓人意外、生氣，像是說解散就解散183 CLUB、雪藏陳喬恩一年⋯⋯等這些事，她從來沒有說過一句話。有一次我問蘇麗媚：「為什麼大家都那麼討厭我？我是不是該做大家喜歡的孫總？」她說：「孫總，你千萬別改，改了就不是你了，你做你自己就好。」所以，我就

快意恩仇

繼續做自己,要討厭我就討厭吧!我們兩人是好搭檔、好朋友,彼此友愛、互相信任,我們都是可以在對方面前哭的人。蘇副總是提攜我的恩人,所以即使「葛姐」葛福鴻曾經找我談了十二年,我都不為所動,我告訴她,除非蘇副總同意放人,否則我不會動,這就是我對蘇副總最誠心的感謝。

另一位恩人是我說「沒有她就沒有5566」的咪咪,不是演藝圈的人或許不認識她是誰,但只要是在演藝圈工作的人,一定都知道她。(圈內人都叫她「咪咪姐」,但她年紀比我輕,我就叫她咪咪)。

我和咪咪是在台視的時候認識的,當時她是台視節目部企劃組的企劃,主管很多沈玉琳的節目,當時沈玉琳製作《旗開得勝—少年兵團》,是她首先支持羅志祥和歐漢聲的「羅密歐」加入主持人陣容。後來當歐漢聲去當兵,她也很支持我把孫協志放進去,那時候我才剛接手三立經紀部,連5566都不知道在哪裡,她卻願意讓本來是「台語小王子」的孫協志,加入一個收視率如日中天的綜藝節目,這是我的第一個感謝。

後來王仁甫退伍了，但是在那個年代，藝人只要去當兵兩年回來就會跟演藝圈脫節，很長一段時間都沒有工作，那時候咪咪策劃了一個台視的內製節目，在週日下午三點的邊陲時段播出，因為製作費很低，所以她找我幫忙。當時仁甫到哪裡都碰壁，要不就是一些沒什麼能見度的平台，有這樣的機會我當然要爭取，因為我只求仁甫有一個退伍之後的起步，能被看到就好。沒想到，這個節目竟然收視率還不錯，讓咪咪很有面子，也開啟了接下來的重大機緣。

　　大家都知道，除夕夜各家電視台都要做特別節目，找當年最受歡迎的主持人，邀請各方大咖藝人來共襄盛舉，熱熱鬧鬧地做一個從晚上八點播到凌晨一點的過年特別節目。但是那年台視因為要節省開支，沒有經費做大型特別節目，這個責任就丟到當時是節目部企劃組主任的咪咪身上。她跟我一樣都是擅長整合資源、腦筋動得很快的人，於是她想了一個「除夕直播 Call in 送大獎」的單元，就是在攝影棚裡面直播，播放一些 VCR，然後讓觀眾 Call in，跟主持人互動玩遊戲，答對問題就有機會得到獎金的節目，節目簡單成本低、互動性高，又能填補除夕特別節目時段，

還可以跟別家電視台大張旗鼓做的大型特別節目區隔，算是滿聰明的做法。但這是個直播節目，意思是參與這節目的人，除夕要在台視度過，誰想在除夕夜加班工作？大家忙了一整年就是為了除夕可以好好回家休息，誰願意陪她加班？就是我！我想，除夕夜大家一定都會打開電視「順便」看特別節目，而且是闔家大小一起看，我不用特別宣傳推廣，就會得到最多的觀眾，這不是王仁甫被看見的大好機會嗎？所以當咪咪一提出請我幫忙，我馬上就答應了！

　　除夕當天晚上，面對大陣仗的直播，王仁甫除了要控制場面和時間，還要跟 Call in 的觀眾互動，加上同時段對打的都是胡瓜、張菲這種大哥級的節目，所以他的壓力非常大，主持起來沒什麼自信。我知道他很緊張，就去辦公室找正在一面忙工作、一面監看播出的咪咪，我跟她說：「仁甫很緊張，需要妳下去看看他，給他一點信心。」咪咪二話不說，放下手上的工作跟我下樓回到攝影棚，她往那邊一站，笑著看著仁甫，還不時帶動現場氣氛，緩和仁甫的緊張，趁著廣告時間的空檔，她上前拍拍仁甫，告訴仁甫他表現得很好，很有大將之風，她在樓上監看節目播出效

果也很好，觀眾 Call in 狀況也很熱烈，要仁甫放心，繼續加油！

咪咪的鼓勵彷彿有魔力一樣，廣告結束後，王仁甫馬上像是被打了雞血，整個人變得活潑又有自信，這個除夕特別節目任務圓滿成功！仁甫從此打開知名度，我才有機會成立 5566，所以我常告訴協志和仁甫，沒有咪咪就沒有 5566，我衷心地感謝她給我的每一次機會。而最令人感動的是，以前我做四大天王要拿錢買廣告時段，播 MV 也要花錢買，但是咪咪從我們一開始認識，給我這麼多機會到現在，沒有跟我要過半毛錢，我問她為什麼不收錢？她竟然問我：「為什麼要？」

因為從小就被人看不起，我對於人情冷暖感受很強，身邊每個人怎麼看我、怎麼對我，我都放在心裡，所以對我好的人，我會一輩子感激，因為他們不會讓我看他們臉色，反而對我伸出手來幫忙，這對從小看人臉色長大的我，是非常溫暖的擁抱。因為他們曾經對我伸出過友善的手，所以我都對人生中曾經幫過我的人說，只要他們有需要，開個口，一句話，我一定挺身而出，義不容辭。我也常勸

誡我的子弟兵，你的成功不是因為你有多厲害，而是靠著身邊這些人幫你支撐起來的，如果沒有我看見你們、沒有我幫你們出點子、炒新聞，沒有我身邊這些人願意支持我、把資源給你，你以為你能成為現在這個樣子嗎？

我雖然狂，但我還是懂得感恩的。

涅槃重生

敗敗敗，連三敗

※

不懂為什麼　給了我傾盆大雨

在想　有一天我會擁有新的生命

～〈暴風雨〉

我是個不向命運低頭的人，從小因為窮苦，要看人臉色，所以我立志成為被人仰望的人，我這輩子所有的努力，都是要甩掉「窮」的標籤，而我也做到了。只是，老天爺不知道是看我不順眼，還是覺得要繼續挑戰我的能耐，直接挑我的身體下手，好啊！那就來吧！

2014 年，我結束了和三立的合作，也覺得自己差不多可以準備退休，我就想在退休前來一趟吃喝玩樂之旅，因

為過去大江南北跑，到處都有朋友，所以安排了一趟上海、杭州到烏鎮的行程，到各地去找我的朋友玩，住最頂級的萬豪連鎖酒店，餐廳也吃最好吃的。

這趟旅程，我玩得開心得要命，沒有任何不舒服，沒想到在烏鎮的最後一天，我竟然發生血尿！因為我本來就有腎結石的病史，所以本來想睡一晚醒來就好了，沒想到還是一直尿出鮮紅色的血尿，我就知道大事不妙，馬上取消要往北京的大閘蟹之旅，改機票回台灣。因為時值中秋節前夕，機票非常緊張，根本一位難求，但是無論如何，我都想回台灣檢查，便請助理用盡所有方法，一定要讓我今天回台灣！我同時告訴北京的朋友，他們為我準備的「大閘蟹宴」得取消了，北京的朋友還以為我在躲酒不肯去，非常不諒解，我只好到廁所邊尿邊拍照給他們看，看到鮮紅色的血尿，他們才相信我真的生病了。終於，我的助理想盡辦法找上所有的旅行社，終於弄到機票，我總算可以安心回台。

回到台北，我大嫂在機場接我，帶我直衝榮總，醫生已在榮總門口等我，他說：「明天是中秋節，今天難得

涅槃重生

急診室人比較少，聽你的狀況，我們好好做一次檢查好不好？」我說：「當然好啊！」做完一連串檢查之後，醫生問我：「德榮啊，你想要住院，還是要回家？」因為是中秋假期，即便是住院也是躺在病床上吊點滴沒事幹，我當然選擇回家。

回到家的第一個晚上，我以為平安沒事，但到了凌晨，右下腹部近膀胱處開始隱隱作痛，因為我有十幾年的腎結石病史，我猜想可能是在接受檢查時，石頭又不小心卡到哪裡，我還呆呆地以為是這個原因才會血尿。我家住三總附近，但我所有的病例都在榮總，這時候該去哪？樂觀的射手座就自己剪刀石頭布，選擇了離我最近卻最不熟悉的三總。

在三總急診室裡，我躺了半天沒人理，直到交班時間，有一位主治醫師認出了我，我跟他說：「如果要我一直躺在這裡，那我要走了。」那位醫生看了看我的病歷，馬上幫我安排照超音波。檢查過程中，一位比較年輕的操作員，好像從電腦影像中發現了什麼東西，立即跑出檢驗室，我心裡就覺得毛毛的，後來他找了一位貌似比較資深的人來

一起看，兩個人在我面前支支吾吾的，你要知道，躺在病床上的人心裡都非常敏感，你們這樣支支吾吾的，到底是什麼意思？

我隱隱約約地聽到資深的跟年輕人說：「人家來看腎結石，你就說這部分吧，其它現在看到的就先別說了！」他們果然就跟我說真的有石頭，要安排我先把石頭打掉，久病成良醫，於是我要求他們在十二點前幫我把石頭打掉，這樣我就不用住院了；打掉石頭之後，我休息一下就快樂地如小鳥一樣回家了，天真地以為心中的石頭放下了。

回家睡了一覺，到了晚上左思右想，覺得還是應該向榮總的王醫師打個電話，說一聲剛才在三總發生的事情，沒想到王醫師聽我說完之後，頓了一下沒有表示什麼，他的沈默像是一團冷空氣竄入我們的對話之間，隔著電話兩端的空氣都在凝結……我知道應該不是什麼好事情，但又不知道是什麼，心裡七上八下地等了一會兒，實在耐不住就先開口了：「王醫師，如果你發現有什麼問題，請告訴我，我承受得住。」王醫師終於開口：「德榮啊，這幾天我找了很多醫師，在看你所有的檢查報告，我們一致認為

涅槃重生

你『疑似』膀胱癌。」聽到這幾個字，我的腦子瞬間像被重擊一樣一陣暈眩，但我還是故作鎮定地回答：「疑似是還有機會的意思嗎？」事實上，醫生雖然用「疑似」這個詞，其實已經宣判：「你得了膀胱癌。」講「疑似」，只是為了讓患者好過一點，讓你可以漸進式地接受這個事實，但，我知道，我就是得了膀胱癌。

王醫師說出「膀胱癌」三個字的當下，我確實有五雷轟頂的感覺，腦子裡面什麼念頭都有，各種想法在我心裡亂竄，辛苦了大半輩子，正準備開開心心地享受退休生活時，怎麼就得了癌症？還是說，前陣子的退休之旅，其實就是老天爺給我的人生畢業旅行，讓我好吃好睡好玩到最後一天才發病？我這一生就註定這樣了嗎？我這麼努力，都還沒開始享受就要死了？這公平嗎？還是我根本沒過過好日子的命？⋯⋯一陣混亂的思緒過後，我慢慢地恢復鎮定，畢竟老闆當久了，還是有理智的。

我的理性終究還是戰勝了感性，我告訴自己「想這麼多有什麼用？先解決問題再說吧！」整理好心情和思緒後，我抬頭看著上天，跟老天爺說：「祢一定覺得我這麼好強，

什麼都打不倒,所以就來個大一點的挑戰,想試試看我的能耐吧?好啊,我接招!」話雖這麼說,我還是在挑高的大豪宅房間裡面哭了一晚上,「為什麼是我?太不公平了吧!」我悲從中來,眼淚不自主地一直流,哭天搶地哭了一晚上。但是,在我打開房門的那一剎那,我告訴自己「眼淚絕對不能讓別人看到!」我的好友們像是名製作人周浩光、名導演沈怡,約了一間我最喜歡的餐廳吃飯,他們試圖安慰我,反而讓我更難過,因為我當時已經無法控制我的膀胱,所以邊吃飯邊漏尿,卻又要在他們面前裝沒事,自負如我,現在竟然連自己的尿都控制不了,真的生不如死。

我篤定地告訴自己,我要做一個聽話的病人,同時敬告我所有的親朋好友,不要給我任何偏方、謝絕任何獻計,我只聽醫生的話。我告訴醫生:「我就跟著你走,你怎麼說,我怎麼做,但我還是想救我的膀胱。」血液腫瘤科的教授建議我馬上動手術,他認為這樣存活率才會高:「德榮啊,開刀要趕快啊!你不開,你的生命只剩下一年,而且這一年,最難熬的是你自己,你的生活會越來越難控制、

涅槃重生

越來越亂，心情只會越來越差，生活只會越來越難過，所以我建議你趕快。」我的醫療團隊有七位醫生，我把血液腫瘤科的教授視為我的惡魔天使，最終，我沒聽他的，因為我還是選擇保住膀胱。

於是，我開始了第一次的手術，準備進開刀房把膀胱壁上的腫瘤都刮除，所有的藝人都來了，大家在手術室外送我進去，搞得好像我要被推進火化場一樣。這次的手術進行了兩個多小時，結束五六天之後進行檢查，醫生宣布：「手術失敗！」這個手術最大的困擾就是膀胱痙攣，那痛起來真的生不如死！即使如此，倔強如我，還是決定進行第二次膀胱刮除術，結果又失敗！好，我們決定來個絕地大反攻，放療和化療一起做，一個禮拜要照六次鈷六十，每週四還要裝人工血管打化療，每天都到榮總報到。為了避免掉髮和食慾不振的副作用，我還自費選用特別好的化療，所以我沒有掉頭髮；但每天放療的結果，肛門燒焦、腸子也燒壞了，用力上廁所之後其實只放了一個屁，肛門不斷地出血，卻什麼都沒排出來，這樣維持了三個月，體重剩下六十七公斤，那真是我人生最帥的時候。

三個月的療程差不多結束後，我想我應該過關了，為了沖喜，我遵循古禮為自己辦了一場重生會，分享我的這段抗癌歷程。就在我去重生會的路上，電話響起，就是那個惡魔天使──血液腫瘤科醫生：「德榮啊！你怎麼沒有來化療？」聽到這句話，我的頭腦一陣暈眩、眼前一片漆黑，我就知道事情不妙！我只能乖如小白兔地回答他：「我明天會回去醫院。」先去重生會開心一晚上再說吧！

　　回到醫院，醫療團隊做了一次大檢驗，宣告這三個月的放、化療失敗！！第一次膀胱刮除，失敗！第二次膀胱刮除，再失敗！現在化放療，又失敗！敗敗敗，連三敗！我再次被五雷轟頂，整個人墜入萬丈深淵，我其實很想嚎啕大哭，但是礙於人在醫院，我的眼淚在眼眶內不敢流出來，勉強地對醫生擠出一絲絲微笑，因為當時也快過年了，就先回家過年吧！

　　回到家，我整個人像是無法控制的水龍頭，只要聽到水聲，尿就汩汩地流出來，隨時隨地都在漏尿，我覺得自己已經是個沒用的人了，任何人來看我，我一定裝作沒事，但只要我一個人的時候，人生的跑馬燈就一直在跑，眼淚

涅槃重生

都會不自主地流下來，每天都是含著眼淚、帶著微笑地過日子。我有時候在想，是不是倔強跟愛面子害了我自己，其實我若放聲大哭幾場，可能人就舒暢多了吧？

我弟妹為了表示對我好，要我花四萬兩千元買一台蔬果榨汁機，說要每天做精力湯給我喝，但我喝了一次就拒絕了，我跟她說：「如果為了活下去，要我每天喝這個鬼東西，我寧可去死。」便將這台榨汁機送給我開餐廳的姪子了。

即使已經連三敗，我還是不服氣，年後，我決定進醫院準備開刀。

死神的挑戰

＊

明知道已經這樣我還在幹嘛

再這樣下去一定註死不再活

也是跟他拚　也是跟他拚

跟他拚　也是跟他拚

我跟他拚　也是跟他拚

～〈跟他拚〉

死神一直來挑戰，前三次我用的方法都失敗了，所以這次我決定用開刀跟他對決！

進入醫院準備開刀前，我堅持住單人房，第一件事就

涅槃重生

是把廁所洗得很乾淨，接著鍋碗瓢盆都要很齊全，飯有飯碗、湯有湯碗、菜有菜盤、水果要有水果盤，筷子、叉子缺一不可，還要有高級音響，甚至試圖讓助理偷渡四十二吋電視進病房，結果被護士長勸退。因為我認為，都已經住院了，當然要讓自己開心啊！我催眠自己把住院當出國度假，所以我把所有的住院用品裝進大行李箱，從停車場上到醫院大廳，搭上手扶梯時，我告訴自己，我準備出境了！到了病房護理站報到，就當作進飯店 Check in，並且由護理人員導覽整個病房，給我一趟 Room Tour，到這時我的心情還很好，直到「孫先生，請你換上病服。」這句話，將我的一切幻想打回原點，終究還是要面對現實。接著就開始了術前的一大堆檢查，醫生要我跟家屬參與會議，決定手術選項。

當時醫生給了我兩個選項，一是開七小時的刀，但一輩子要戴著尿管接著尿袋；選項二是十四個小時的大手術，把壞東西都切除乾淨之後，再截我五十公分的大腸做成一個人工膀胱，種在輸尿管上，但這個人工膀胱畢竟是大腸做的，不但沒有原來膀胱的功能，只能儲存尿液，而且還

會分泌幫助排便的大腸液，所以患者要天天清洗人工膀胱，否則大腸液會像水母一樣，在人工膀胱裡飄來飄去，萬一不小心覆蓋到輸尿口造成堵塞，就要再用食鹽水沖洗讓它保持暢通。

此外，患者還要進行復健，逼人工膀胱學會當膀胱，這個訓練要半年的時間。兩個方案聽完了，該怎麼選？有時我覺得自己命滿好的，雖然老天爺要給我這個考驗，卻在我身邊安排了很多幫助我的人，就這麼恰巧，過去「聯喬」旗下的男團「Super131」隊長巴飛，有位朋友曾動過膀胱癌手術，巴飛便安排我和對方通電話，過來人建議我「一定要選擇最難的十四小時手術」，他說：「如果你現在選擇的是七小時，將來一定會後悔。」巴飛果然是我的子弟兵，他知道我這麼愛面子的人，如果未來要我一輩子要戴著尿袋，我應該會想自殺；像我這麼高傲的人，怎麼能接受人家突然聞到我的身上有尿的味道？所以我選擇了十四個小時的大刀。

因為不知道開完刀會不會醒來，究竟是死還是活，所以我做了一件很蠢但很好笑的事。我太喜歡吃雞肉，所以

涅槃重生

我在進入手術房之前，請人把所有我愛吃的各種雞肉都買回病房，讓我吃到爽為止。晚上十二點，開始要做手術前的清腸準備，但我吃了太多雞肉，腸子裡面纖維太多，所以我從晚上十二點一路清腸到早上六點，一個晚上沒睡，精疲力盡地進入手術室，這個行為很射手座吧？哈哈哈！

我清楚地記得，第一次住院刮膀胱的時候，所有合作過的藝人都來看我，大家都很緊張、很慎重，好像是來送葬的，看他們面色凝重、憂心忡忡，一副我要被推進去給火化了的模樣。雖然我在被推進手術室之前都還談笑風生，一副沒問題的樣子在跟朋友開玩笑，但是，當病床推進手術室準備的時候，在隔著大玻璃的無菌室裡，我一個人躺在病床上，只能望著手術室的天花板，感受手術室冰冷的空氣和白白的牆壁，搭配著冷冽的燈光，我的眼角在此刻流下了眼淚⋯⋯。

護理師看著我的眼淚，問我：「是不是很緊張？」我搖搖頭，我不是緊張，而是面對未知所產生的茫然和恐懼。我雖然狂，但接下來要面對的是完全沒經歷過的事情，我不知道手術要多久？我不知道手術結束我會不會醒來？萬

一失敗，我可能就死了，孫德榮的一生就此畫上句點；但即使手術成功醒來，我也不知道接下來的人生會怎麼樣？我會變成什麼樣子？我的人生會改變嗎？

整個手術過程，好朋友「周哥」周浩光全程在外面等候，聽周哥的轉述，我才知道在外面的人有多緊張和落寞。他說我是第一張床，後面還排了三十幾張床，但因為我的手術長達十四個小時，所以手術期間，另外三十幾張床都順利結束了，只有我還沒出來，周哥說，他在手術室外焦急又難過，看著手術室的門，心想：「你到底什麼時候要出來？」

十四個小時之後，身上插著十三條管子的我，活著被推出手術室，在加護病房待了兩天後，我被轉到普通病房，死神這次挑戰失敗了。

回到病房，我也不知道自己是怎麼過的，因為全身都是管子，雖然很想把管子拔掉，但是我一點力量也沒有，只能直挺挺地躺著，完全不能動。主刀的黃醫師來看我，跟我說手術很成功，要我放心，但是！我都說醫生都是沒良心的人，因為醫生竟然在這時候要我下床走動！！我身

涅槃重生

上有十三條管子，叫我怎麼走動？他說因為我身上的器官都還在睡覺，如果不下床走路，器官不會醒來，「現在就下來走走吧！」醫生不聽我的理由，也不管我的撒嬌，站在病床前等我下床走動。

要讓十三條管子跟我一起下床移動，真是非常大的工程，好不容易下了床，我走了十步就跟醫生說：「夠了吧？」醫生竟然說：「再十步吧！」醫生是不是真狠？

後來我就跟醫生說：「黃醫師，在我不能自理生活前，我絕對不出院，因為每天要把自己搞定的程序太繁瑣了。」每天實習醫生都會來幫我清洗膀胱，並且希望我們派一位家人跟著學習，還好當時唸大學的姪子，願意主動來學習幫我處理，所以他每天一下課就到醫院，跟著實習醫生一起學習為我清洗膀胱。每次清洗膀胱時，我都會握住姪子的手，只要我手一用力，我姪子就會告訴實習醫生「我們自己來」，因為實習醫生百百種，有的會幫我灌空氣、有的醫生手沒消毒就來了，我住了四十六天，前後換了七位實習醫生，每週都有不同的實習醫生來表演。

這樣日復一日地折騰來折騰去，術後第九天，我終於

「排氣」（放屁）了！我開心地請整層樓的人喝咖啡，原因就是慶祝我放屁！連我的主治醫生黃醫師都笑說，他在忠孝東路都聽到我的屁聲了！不然怎麼辦？住院這麼苦，不替自己找樂子該怎麼辦？說到住院最大的樂子，對我來說就是美食，最令我開心的是，我以前第一次創業開旅行社的第一任秘書，每週四都會來幫我辦桌，十菜一湯，所以每週四就是我最開心的時候。任何人要來看我，我都會說：「帶好吃的來！」但我跟你說，只要誰馬上一口答應，我就知道當天送來的一定是鼎泰豐，哈哈哈！

我是個好強的人，所以住院那四十六天，任何人來看我，我都會說「沒事」，其實，只是不想讓他們看到我痛苦的一面，身上的十三條管子要陸續抽掉，而每抽掉一條管子，都是一次魔鬼般的折磨。十三條管子中有六條圍在我的膀胱四周，每抽一條管子，都要檢查傷口是否癒合、廢水有沒有排掉，我都說「那是六顆手榴彈」。

有一天我抽掉一條管子後，凌晨一點時突然驚醒，因為我整個人泡在尿液中，大家一陣忙亂之後，告訴我沒事，當然沒事，因為管子又插回去了。術後第八天，因為身上

涅槃重生

　　的水排不掉，我開始水腫，整個人體重到達九十多公斤，我還想起了一部電影《無卵頭家》，因為我那時候的蛋蛋，應該有一顆椰子那麼大吧？坐著也痛、站著也痛、躺著也痛，我親愛的表妹發揮了她的創意，竟然將手術用手套吹成氣球，取名「佛手掌」，幫我撐在我的蛋蛋下面，讓我的蛋蛋不會因為反覆摩擦而那麼疼痛，真是窮則變、變則通。因為水腫得不得了，我就問醫生，到底怎麼樣才能趕快排乾淨？醫生竟然說：「沒辦法，靠自己。」我一聽，整個人又掉到地獄，心想：「我的考驗怎麼這麼多啊？」還好，十四天之後，開始慢慢消腫了。

　　住院期間有一件最可怕的事情，至今讓我記憶猶新。院方為了要檢查輸尿管與人工膀胱有沒有連結、是否會漏尿，一早七點就把我推進一間診療室，既沒有麻醉也沒有什麼程序、更沒有說明，醫護人員冷不防地從我背後插進一根很粗的管子，抽出來之後，就急急忙忙跑了，留下痛到快死的我。我莫名其妙地被捅了一下，然後流著眼淚地被推回病房，至今我還是不知道對方到底對我做了什麼，誰可以給我個解釋？

經過這些苦難折磨，我終於可以出院了。這段期間，我請大嫂幫我把家中二樓客廳改造成的臥房，剛好也完成了，於是我便回家休養，開始準備進行半年的復健。

後來我想想，老天爺要收我可能沒這麼容易，因為我從小就是「鬼見愁」。還記得十八歲那年，我父親過世之後，我在坪林的露營地工作養家的那段日子嗎？那時我每個禮拜天結束露營區的工作，三更半夜騎著摩托車，從坪林騎著九彎十八拐的路回台北放假，走過那段路的人到知道，晚上行經此處有多可怕，路的兩邊都是樹，沒有什麼路燈，晚上也幾乎沒人車，我卻每個禮拜這樣騎，所以我不怕鬼，因為我叫「鬼見愁」。像我這麼叛逆、想法這麼多的人，鬼看到我一定都覺得頭痛麻煩啊，哈哈哈！

涅槃重生

給自己力量

＊

聚合我所有勇氣

衝破極限超越自我

傳說就要再次出現

～〈傳說〉

人生一路走來，我都是自己給自己力量，老天讓我窮，我就努力有出息有地位給祢看；自家藝人背叛我了，我就用盡所有方法培養出新的藝人給你看，還紅得要命；現在老天讓我生病，我就復原給祢看。要知道，這世界上沒有人有義務要幫你，只有你自己可以幫自己，尤其是生病，身體是你自己的，沒人能幫你痛、幫你挨刀、幫你復健，

醫生能做的只有幫你處理完病因，剩下的，你自己不努力活過來，誰能幫你？靠人人倒、靠樹樹倒，靠自己最好，這是我一生奉行的圭臬。

開完刀我在醫院住了整整四十六天，直到比較能夠自理生活了才敢回家。由於人工膀胱是截取五十公分的大腸做出來的，但大腸畢竟是大腸，正常運作下，它會分泌幫助排便的腸液，卻會把輸尿管黏住，導致我尿尿解不出來，因此，我每天都要沖洗膀胱，將三百多 c.c. 的食鹽水灌進體內，沖掉那些大腸液後再排出來，我住院的日子，很重要的工作就是要學著讓它順暢，或是不要讓腸液結成很大塊，才可以方便把它排出來。原來，當個病人還要學很多事情，不是躺在床上休養就好。最麻煩的是，截了五十公分的大腸，副作用就是有了腸躁症，當它沒來由地想要上，就一定要去解出來，所以醫生開給我止瀉劑和軟便劑，要我試著學會與腸躁症共存。

終於，我出院了，醫生告訴我：「你雖然出院了，但是我建議化療還是要繼續做，因為你自費的化療無效，所以只能打最傳統的『小紅莓』。」雖然打小紅莓會脫髮和

涅槃重生

食慾不振，非常辛苦，但他還是建議要做。我的回答是：「謝謝醫生的關懷，我認為這是你們當醫生的用來安慰病人的話術，表示開完刀之後你們還有在持續治療，我已經經歷了四十六天人不像人、鬼不像鬼的日子，我決定出院之後做自己，不要化療！」醫生說不過我，卻還是建議我先觀察半年再決定，但是半年之後，我還是決定做自己，把準備化療的管子拔掉，就是不化療。

因為擔心有癌細胞殘留和感染，我的膀胱被割掉了，膀胱附近的各種器官還有二十三個淋巴結，也都割掉等它自癒，我因此擁有一張殘障證明。出院之後最重要的是復健，所謂復健，就是要學習「夾尿」。關於夾尿這件事，學問可大了，你們一定不知道，健康的人平時在走路，都不會意識到自己的膀胱有括約肌，每走一步路都有在出力夾尿，所以才不會漏尿，可是我已經都沒有膀胱了，取而代之的人工膀胱沒有這些功能，所以必須要重新訓練。我無時不刻都要用力，讓我的括約肌作用把尿夾住，否則我每走一步都會漏尿；我花了半年時間學走路、學夾膀胱，一走就是兩個小時。那半年，為了膀胱的復健，我每天都

要從我家走到附近的公園，來回各一個小時，因為我能貯存的尿量大概就是一個小時，一個小時到，我一定要上廁所，所以我走到公園一個小時，上個廁所之後再花一小時走回家，就是我那半年的復健之路。我平常出門散步，也一定要去有廁所的地方；即使現在有時候要上節目錄影，一個小時內一定要中場休息，因為如果膀胱滿了沒有排掉，尿液回滲到腎臟，我就會開始冒冷汗、發抖，所以不是我嬌氣，是我的人工膀胱滿了，說要洩就是要洩了。

因為拒絕了再次的化、放療，所以從出院那天開始，我決定過我自己的生活。每當別人問我：「孫總你已經得了癌症，有什麼忌口的嗎？」我說我忌口非常嚴重，不好吃的千萬不能吃，因為吃了不好吃的東西，心情就會不好，心情不好就會影響生理，然後就會生病，這是我的理論，是不是很有道理？我開始正常吃喝正常生活，沒有忌口，也沒有改變生活，你都不知道自己可以活多久了，還要改變什麼？我的觀念是只要吃得開心，就有體力和病魔對抗。人生吃得不開心，請問你還要對抗什麼？我都不知道活到幾月幾號了，你還在告訴我這個不能吃、那個不能吃？如

涅槃重生

果你讓我選擇，我寧願飽死撐死快樂死，也不要餓死憂鬱死。

這十年的時間，你問我心裡會害怕嗎？我從來沒怕過。我常說很多癌症病人不是被嚇死的，就是餓死的，其實每個人的身體都不一樣，每個人遇到的狀況也不一樣，所以不要到處聽朋友給你的「好心」建議，乖乖聽醫生的話，尊重並接受醫生給你的治療就對了。

很多癌症病友，都是因為朋友的好意造成了他們的困擾，大家都怕死，所以怕這個怕那個，這個不敢吃那個不敢吃，每個人都怕得要死，然後誰說怎樣不好，誰又說怎樣會好；但是每個人經驗不同、體質不同，說的都不是自己的身體，所以誰的建議都不適用，我真的覺得，很多人就是被這些「聽說」害死的。我認為心理影響生理，開心是最好的良藥。每天愁眉苦臉擔心要死了，你一定會死，但如果你像我一樣，什麼都看得很開，上天就會網開一面。誰都不能影響你的生命，這世界只有你自己可以打敗自己，就像我常說的，你一定要先愛自己，才有能力愛別人，我們都要愛自己，不要讓自己成為家人的負擔，每天唉聲嘆

氣，就算不死也要死了。

我很幸運的是，手術後的前三年是危險期，百分之二十的人有五年存活率，能撐過十年的更只有百分之二。本來被醫生宣判只剩一年壽命的我，已經跨過十年的那條線了，我相信我就是那百分之二，跨過去之後，表示我可以回到正常人了，但是，還是不可以大意，我每天都開心地過日子，多活一天就是賺到一天。

說來有趣，因為上節目，我跟于美人成了好得不得了的朋友，本來要合作新的經紀公司，但因為我生病只好作罷，她經常笑我的行事風格很有阿Q精神，所以幫我取了個外號叫「Q哥」。我生病的事情，她很早就知道了，有一天，美人跑來找我：「Q哥，雲林有一個師父，他可以解救你，我已經跟他約好了，你就聽我的話，我們去一次。」我這輩子從來沒在信這些，本來說什麼也不願意去，但美人真的很有毅力，一直勸一直說，看著我的好妹妹這麼熱心，又是為我好，我也不忍心讓她失望，我決定轉換個心態，就當旅遊吧！用這樣的心情跟她跑了一趟雲林。

師父跟我說：「你不會死。」如今，我即將突破醫生

涅槃重生

說的「十年大限」，進入癌後安全期，這件事讓于美人很得意：「你看吧，師父就說你不會死吧，師父說的多準。」我看她這麼得意，就讓她得意吧！我一輩子沒有算過命，別人發片、新戲上檔或開記者會，都要看幾月幾號良辰吉時，我在喬傑立，或是更早在威聚時期，都是高興哪一天發片就哪一天發，我從來不看這些，因為我只相信我自己，我的生命力是我自己給的，而且別忘了，我可是「鬼見愁」啊！哈哈哈！

　　我始終相信命是天給的，上天想讓你活多久，就只能活多久，上天不讓你活，怎麼樣也躲不過，車禍都是發生在0.01秒；你也不會知道哪一班飛機哪一天會掉下來，現在連坐在餐廳吃飯，車子都會衝進來撞死人了，所以你說，命不是天給的嗎？所以我主張讓自己活著的時候，開開心心，給自己力量，好好地讓有生之年的每一天都過得開心精彩，才是最重要的。

人生沒有不可能

※

彎彎月光下　我輕輕在歌唱

從今以後　不會再悲傷

閉上雙眼　感覺你在身旁

你是溫暖月光　你是幸福月光

～〈月光〉

　　在確診膀胱癌之前，我本來就準備退休，得了膀胱癌之後，我更是在家休養了很長一段時間，每天就是起床、上廁所、沖膀胱、吃飯、復健和睡覺，不斷地循環，但從小就是過動兒的我，覺得再這樣下去就真的是「混吃等死」，覺得該開始找事做了，不然我真的會死掉。

涅槃重生

和很多生病的人一樣，我要過著「健康有機」的生活，所以有一年的時間，我學著改變作息，而且是跟過去完全天壤之別的生活型態。我以前為了想企劃、為了排練、為了工作而睡不著，總是熬夜又三餐不正常，睡到快要中午才起床；現在生病了，朋友們覺得我應該要踩土，親近土地接收地氣，就給了我一塊地，讓我下田耕種。那個地方像是一個世外桃源，就在內湖大湖山莊後面的山凹，在裡面聽不到任何車聲，我每天早上開著賓士車過去種田。

冬天很冷，我清晨五點多就要到農地，寒流來襲時還得弄網子，以免作物結霜凍死；夏天起得更早，因為到了早上九點，艷陽就會大到令人受不了甚至中暑，下午還要去灑水，作物才不會熱死渴死。

因為我嘴巴很甜、人很好，那裡的阿姨、伯伯都對我很好，所以我根本不用種，每個人都會給我菜。颱風過了，我出錢幫那些阿姨伯伯們修建被風吹倒的木造寮、幫他們買肥料，花個幾千元就能對他們的生活有些幫助，讓他們開心得不得了。我只是嘴巴甜一點，什麼都不用做，大家都來幫我，教我這個怎麼種，到最後變成幫我種，甚至他

們自己種出來的青菜瓜果都送給我，那一年比較像是去交朋友。他們還會幫我準備早餐，我就先在菜寮吃完早餐再去工作，後來我帶我的好朋友在那邊吃火鍋，他們也會幫我準備，所有的菜都是現採現吃，最新鮮了！

好笑的是，我在我的農地種高麗菜，結果那年高麗菜產量大增，家樂福一顆高麗菜只賣十塊錢；後來我種大白菜，那年大白菜也大中，一顆只要十五元。在超市看到這些菜價，我心裡想：「馬的，這麼便宜，我在這裡辛苦花三個月種一顆菜幹嘛？這些事情不適合我。」那一年，我真的每天逼自己早起，雖然我非常喜歡那段時間認識的人，但是我非常不喜歡那段日子，那不是我的生活方式，所以一年的期限一到，我立刻閃人。

但是繼續回家吃飽睡、睡飽吃也不是辦法，畢竟在影視娛樂業工作了四十年，我還是對媒體比較有興趣，我看透也嗅到電視產業沒落、新媒體崛起的味道，我每天在家裡滑手機看 YouTube，我知道未來藝人經紀只會越來越難做，因為大家都有自媒體，自己做內容捧自己，當不了藝人的就去當自媒體，自媒體有自己的內容，所以他們也不

涅槃重生

需要經紀人；而且有些藝人不敢經營自媒體，因為活生生的數字擺在那裡，向來被保護呵護得很好的藝人承受不住。我認為最重要的是要整合行銷整合規劃，單打獨鬥很難成功，只是現在年輕人都很有自己的想法，你想幫他規劃，他還不見得聽呢！就在這時候，我的兒女們像是Toro、小喬和冠達，一致規勸我應該投入新媒體，解決我無聊的生活，而且大家本來就很喜歡聽我說話，我所記錄下來的一切，可作為未來工作和生活的目標，何樂而不為？而且這些生活的點點滴滴記錄下來，以後就算我不在了，他們還有我的影片可以看，可以懷念或者訐譙我。

經過半年的輪流轟炸，我心想，反正我現在生活也很無聊，就決定成立一個屬於我自己的頻道，開始著手研究YouTube要怎麼經營。首先，我把自己的「人設」先建立好，以前的孫總是高高在上、高不可攀，吳宗憲稱我為「自走砲」，是個為了自己的藝人到處放砲、幫藝人擋子彈的人；但是我這個頻道的主角不是「孫總」，而是「孫腫」，意思就是讓大家看到不一樣的我，那個私底下有點赤子之心又調皮搗蛋愛搞怪的我，這樣我的頻道才有可看性，不

然誰要看六十歲的老頭子講幹話？還好我在娛樂圈混了四十年沒有白混，當然就是從自己身邊最熟悉的資源開始，所以我擬定了第一集是「5566演唱會幕後直擊」、第二集是跟我認識了二十五年的沈玉琳，接下來還有子弟兵們要陸續出動，一連串親朋好友來站台，這樣應該就沒什麼問題了。

經營YouTube最重要就是流量，依照YouTube的規定，要有五千人訂閱，並且播出時數和觀看時長都要到一定規格才能「營利」（就是可以分潤的意思），我是孫德榮，當然要秉持「要嘛就不做，要做就要做到最好」的原則，開始對我所有的朋友發動「攻擊」。我一個一個地發訊息給他們，把我YouTube頻道的連結發給他們，請他們務必要訂閱我的頻道，算是給老朋友一些支持和掌聲；以前我從來不願意開臉書，但是為了宣傳跟增加觸及，只好成立臉書帳號，接受酸民的指教。我的朋友都滿夠意思的，當我邀請他們，大部分的朋友二話不說就動手訂閱我的頻道、加我的臉書粉專；至於那些沒有動作的朋友，我就知道不需要把他們當朋友了，這麼簡單動動手指頭的事情都不願

涅槃重生

意做，以後也不用聯絡了。

我秉持自然不做作的原則，我拍影片沒有腳本，每個藝人都問我：「孫總，腳本？」我說：「腳本在你我心裡，我們見招拆招，我們看著辦！這樣才自然！」影片拍好了，一切準備繼續，《孫腫來了》頻道就這樣熱熱鬧鬧開張了！第一支「5566高雄巨蛋演唱會後台直擊」是我的初登場，一上架點閱人次很快就破了三十萬，各電視台也爭相報導，每一條報導我的新聞也都是幾萬甚至十萬以上流量。之後我每支影片只要一上架，幾個小時以內點閱量就都破十萬，最高還有破百萬的，經常被媒體追著跑，成為演藝圈每週新聞的指標，因為他們很想知道我又罵了誰。有這種流量，我還不是名正言順的YouTuber嗎？這就是我，做什麼像什麼，而且還做得很好，都是第一名！放眼全台灣，只有我六十歲開頻道，還可以風風光光順順利利地拿第一！

也因為踏入YouTube這個領域，我開始認識這些從網路世界竄起來的年輕人，像是薔薔、關關、博恩、嘻小瓜、展榮展瑞兄弟、火星叔叔、凱文羊、小冬瓜還有彼得爸與蘇珊媽等等，已經是我人生最幸福最快樂的日子了。

我做這個頻道，本來就是為了好玩，所以，我的頻道除了拍我的朋友跟生活紀錄之外，還有一些影片的主題是「開箱」，很多人以為我的開箱是業配，其實那都是無償、免費的，主要當然是因為我自己本來就很愛買，又怕大家買錯，所以就拍開箱影片，告訴大家東西好不好。除此之外，當我看到很多力爭上游的小朋友在創業，就主動跟他們聯絡，完全不談條件，直接邀請他們把東西拿來我家，跟他們一起拍東西，連剪接費都我自己出，就是要幫助他們的產品曝光。

　　我常想，我們小時候缺人家幫忙，現在我有能力，能幫人家為什麼不幫？用到好東西，我一定大力稱讚，歡迎大家去買，我孫腫掛保證！買到爛東西，我當然不會客氣，馬上警告大家，千萬不要買錯東西，以免像我一樣吃虧又後悔。後來，有些年輕的創業者看到我的影片，希望我幫忙推薦，我的條件就是請他們先把東西寄過來，我吃過、用過，覺得好就會跟他聯絡，如果我沒聯絡，就是東西不好，那就⋯⋯不要聯絡。東西不好，給我再多錢我都不會做，這就是我，我只說實話，只做最真實的我！

涅槃重生

因為認識了這些年輕人，我的人生又開始多采多姿了起來，家裡三天兩頭就有年輕人來作客，一方面讓我聽聽這些年輕人到底在想什麼，他們對自己的人生、事業有什麼規劃或是想法？有時候他們也聽聽我這個老人，以過來人的身分給一些建議，畢竟我年紀比他們大這麼多，人生經驗這麼豐富，算是我這個「老人家」的功能吧？他們也都把我當爸爸一樣，對我很好，過年過節都會來看我、陪我，跟我拜年，整個過年我家人來人往好熱鬧！忽然間，我又多了好多子弟兵，好多兒子女兒，甚至連他們的小孩，都成了我的孫子孫女，你看，我這輩子雖然沒有生小孩，卻能兒女成群，是不是很幸福？

這些都是我以前不可能遇到的人，成為 YouTuber 也是我以前想都沒想過的事，現在卻正在我的生命中發生。這些新嘗試，讓我有機緣認識「小冬瓜」，所以我已經把身後事都交代給他，現在一點煩惱也沒有；也因為我每天都花好幾個小時在看 YouTube，主動去認識了「彼得爸與蘇珊媽」，沒想到他們是從小看 5566 長大的鐵粉，當我第一次主動跟他聯絡的時候，他還以為我是詐騙；當我們第一

次見面，彼得爸竟然激動到流淚，他說從來沒想過小時候的偶像教父竟然站在自己面前，還可以跟著我去看 5566 演唱會！當我帶他去看羅志祥演唱會，他認為自己是在做夢，竟然可以跟我坐在一起看演唱會！其實我也很興奮，因為我遇見了可以傳承的新一代。現在我開始手把手地將很多事情教給彼得爸，希望聰明又有熱情的他，能夠傳承我的一點才華，把我的精神延續下去。

　　古有名言「賽翁失馬，焉知非福。」如果沒有這場病，我的人生不可能有走到這裡的一天，也不可能認識這些以前不會接觸的新朋友。所以我常鼓勵年輕人要勇敢，要有好奇心，學會主動權握在自己手上，不要人云亦云。我從年輕到現在一直都是敢嘗試、敢玩、敢闖的人，唯有這樣，才有機會遇見你想不到的人，創造原來不可能發生的事，所以人生沒有不可能！

國家圖書館出版品預行編目（CIP）資料

我就是狂：我的人生不需要你按讚 / 孫德榮作．
-- 初版．-- 臺北市：水靈文創有限公司，
2025.06
　　面；　　公分．--（自慢；12）
ISBN 978-626-7742-01-3（平裝）

1.CST: 孫德榮 2.CST: 成功法 3.CST: 創業
4.CST: 回憶錄

177.2　　　　　　　　　　　　　　114006440

自慢 012

狂

我就是

我的人生不需要你按讚

作　　　者	孫德榮
總　編　輯	陳嵩壽
編　　　輯	陳柏安
封 面 攝 影	陳威逸
視 覺 設 計	林晁綺
行　　　銷	張毓芳
出　版　社	水靈文創有限公司
郵　　　撥	臺灣企銀 松南分行（050）11012059088
地　　　址	11444 臺北市內湖區內湖路一段 387 巷 3 弄 2 號 1 樓
網　　　址	www.fansapps.com.tw
電　　　話	02-27996466
傳　　　真	02-27976466

總　經　銷	聯合發行
電　　　話	02-29178022
初　　　版	2025 年 6 月
I S B N	978-626-7742-01-3
定　　　價	新臺幣 380 元

版權所有 · 翻印必究
本書若有缺頁、破損、裝訂錯誤，請寄回本公司更換